しべちゃの歴史を歩く

目　次

はじめに……6

第1部　歴史編

クマ・ウシ及び熊牛村(上・下)……10
シペッチャ及び標茶村(上・下)……14
集落形成の推移(上・下)……18

第2部　市街地の地名編

市街地の発達(上・下)……24
常盤(上・下)……28
川上……32
開運(上・下)……34
旭・富士(上・下)……38
桜(上・下)……42
麻生……46
平和(上・下)……48
解散した鉄道町内会……52
新栄・新富町内会……54

第3部　地域の地名編

標茶市街地周辺　小集落の形成……58
ルルラン……60
多和……62
多和地区の戦後開拓……64
弥栄地区の戦後開拓(上・下)……66
南標茶・北標茶……70
厚生……72
栄……74
磯分内……76
磯分内市街地と製糖工場(上・下)……78
日本甜菜製糖㈱磯分内工場の終焉……82
雪印乳業㈱磯分内工場　建設の経過……84
名水の里　磯分内……86

戦前からの熊牛原野……88
戦後開拓と字熊牛原野区画地の変遷……90
西熊牛原野区画地……92
字西熊牛原野区画外地……94
ルルラン51番地……96
磯分内の林業生産……98
オソッベツ周辺……100
上オソッベツ原野……102
中オソッベツ周辺(上)字オソッベツ……104
中オソッベツ周辺(下)平林農牧場……106
オソベツ原野……108
五十石駅付近の諸相……110
植田家の酪農……112
オソッベツの戦後開拓……114
沼幌(上)……116
沼幌(下)ヌマオロ原野……118
沼幌　団長さんの稲作……120
久著呂の地名考……122
久著呂地域の土地処分……124
久著呂・コッタロ地区の交通事情……126
殖民軌道久著呂線……128
久著呂・コッタロ地域の農業……130
コッタロの地名と土地処分……132
町民に還元する温泉施設……134
シラルトロエトロ付近……136
国道391号沿いの温泉群……138
茅沼駅周辺……140
虹別地域・区域の概要……142
アイヌ民族と勘知牛ノ湯……144
行政地名になったアイヌ語地名……146
幕藩時代　西別川周辺騒然……148
虹別さけ・ますふ化場……150
根室国・釧路国の国境界の混乱……152
虹別の殖民地選定……154
虹別原野　許可移民の移住……156
虹別地域の集落形成……158

虹別連合振興会の活動……160
虹別地域の戦後開拓(上・下)……162
屯田兵村の入植と太田村開村……166
茶安別地域の移住地選定……168
畑作から酪農への発展(上・下)……170
茶安別・雷別地域の戦後開拓……174
パイロットフォレスト(上・下)……176
茶安別地区　標茶町編入合併を検討……180
太田村を廃止し標茶町に編入……182
太田村茶安別地区　標茶町に編入……184
菱川線鉄道と殖民軌道チャンベツ線……186
茶安別の地名……188
阿歴内の地名……190
阿歴内の殖民地選定……192
農畜産物の生産状況(上・下)……194
農業団体　阿歴内信用購買販売組合……198
農業団体の発展過程①～③……200
阿歴内の戦後開拓と入植者……206
大東炭鉱株式会社　三星鉱業所……208
塘路地域の特徴……210
集治監による標茶・釧路間道路開鑿……212
塘路の地名と土地処分の経過①～③……214
高岡縫殿と貫誠社の移住記録……220
塘路観光協会の設立……222
塘路地域振興会……224
標茶町立自然公園……226
ベカンベ祭り……228
あとがき……230

はじめに

明治30年ころから集落形成

「地名」とは、土地の名称、土地の呼び名と解釈していたが、改めて向き合ってみると①国及び道が設定した郡、町、村名をはじめ②土地の所有を明確にし、その保全を図る土地登記のための行政地名③またその土地に住み始めた人々が、自分たちの生活の場として呼称した町内会名、集落名などの地区名に区分されている。

まず基本になる北海道の郡、町、村名がどのように設定されたかを整理すると、明治新政府は明治2年7月、民部省内に「開拓使」をおき、その年の8月、蝦夷地を北海道に改め11国86郡に分割した。また、10月には根室開拓使出張所を設置し、その管轄区域を根室、釧路、千島、北見の4国21郡と定めている。明治5年3月には、その区域内に始めて村名を定め、同8年3月には各町村名を仮名から本字に改めている。

その当時、釧路川沿いの熊牛村、塘路村、虹別村と弟子屈村、屈斜路村は一つの区域として釧路国川上郡に属していたが、明治18年7月、この五村を統括する熊牛村外四カ村戸長役場が設置され行政事務が始まった。

この時期標茶には、現在の網走刑務所の前身である「釧路集治監《しゅうちかん》」が熊牛村（現在の標茶町）に設置され、川湯の硫黄採掘も本格化し、その影響で川上郡は盛況であったといわれている。その頃から農業を志す人も寄留し、明治30年頃から各原野に移住する人も増加して、新たな集落形成の兆しが見えた時期でもある。

釧路湿原を形成する釧路川とその支流、及び西別川、別寒辺牛川の3水系の流域に広がる標茶町は、殊に湿原の周辺を中心に悠久の先史時代からアイヌ時代までの遺跡群が数多く確認されている。

標茶町を区域とする地名を確認してみると山、川、沢など土地の形状を表した地名、魚類、植物に縁のアイヌ語地名がその大半を占めている。

年代を特定することは難しいとされているがおよそ300年ほど前、アイヌの伝承として釧路のモシリアチャシを築いたトミカラアイノが虹別に進出し、その子タサニセもまたシラルトロ沼の上に城を築いたとアイヌ民族の定住を思わせる記述が『釧路叢書《そうしょ》』などに書き残されている。

この人たちの口碑《こうひ》によって伝えられてきたアイヌ語地名を古地図で確認すると、川、沢など一本一本が丁寧に記述されている。しかし、後につながる行政地名にどれだけ反映し、現在どれだけ活用されてきたかが課題であるが、風化されつつあるアイヌ地名の如何に多いことか。標茶にまつわる地名、地域の出来事について、それ以前の人から聞いた事実をアイヌの人たちの口碑によって、ここを通った役人研究者等が今につながる歴史資料として残してくれている。

以上のような経過を踏まえながら標茶町各地域の地名、沿革にまつわる話題などを中心に紹介致します。

第1部

歴史編

標茶の創始 クマ・ウシ及び熊牛村《くまうし》(上)

明治年の図面に名前

明治5年3月、開拓使根室支庁は管内の村々に村名を制定した。その際、現在の標茶町を「クマウシ村」と命名し、さらに同8年、漢字名の「熊牛村」に変更している。

永田方正著『北海道蝦夷語地名解』(以下、『永田地名解』とする)によると、クマ・ウシ、「魚乾棚多き処」といい、「クマ」は先が二股になった棒を二本立て、その上に物干し竿を渡して魚などを干す施設、「ウシ」は多く並んでいたところというのが一般的な解釈らしい。しかし、当時すでに「テシカガ村」にクマウシと呼称している特定の箇所があった。その場所は、移住者を受け入れるために作成された最初の図面、明治29年3月初刷の「川上郡熊牛原野区画図」によると、熊牛原野24線と25線の間に「クマウシ」というカタカナ表記の場所が確認できる。その場所は現在の熊牛原野27線の基線沿に南弟子屈駅があって、そこから1キロほど磯分内寄りの場所で、弟子屈町南弟子屈の範囲である。

明治36年6月、北海道庁の告示によって熊牛原野18線と19線の間を流れるトロンコ川を村界とし、弟子屈村、屈斜路村が分村した。このように、開拓使根室支庁が管内の村名設定に当たって、現在の標茶町の前身である「熊牛村」の村名に隣村の特定の場所の地名を呼称することになったのである。

この時代、「熊牛」を呼称した機関には、明治18年「熊牛村」をはじめ、同20年12月に開業した「日銀熊牛支金庫」、同25年5月、標茶消防団の前身である「熊牛私設消防組」、同32年4月「釧路区裁判所熊牛出張所」が開庁した。しかし、その後時代の変遷と共に「熊牛」を呼称する施設、機関などはなくなった。

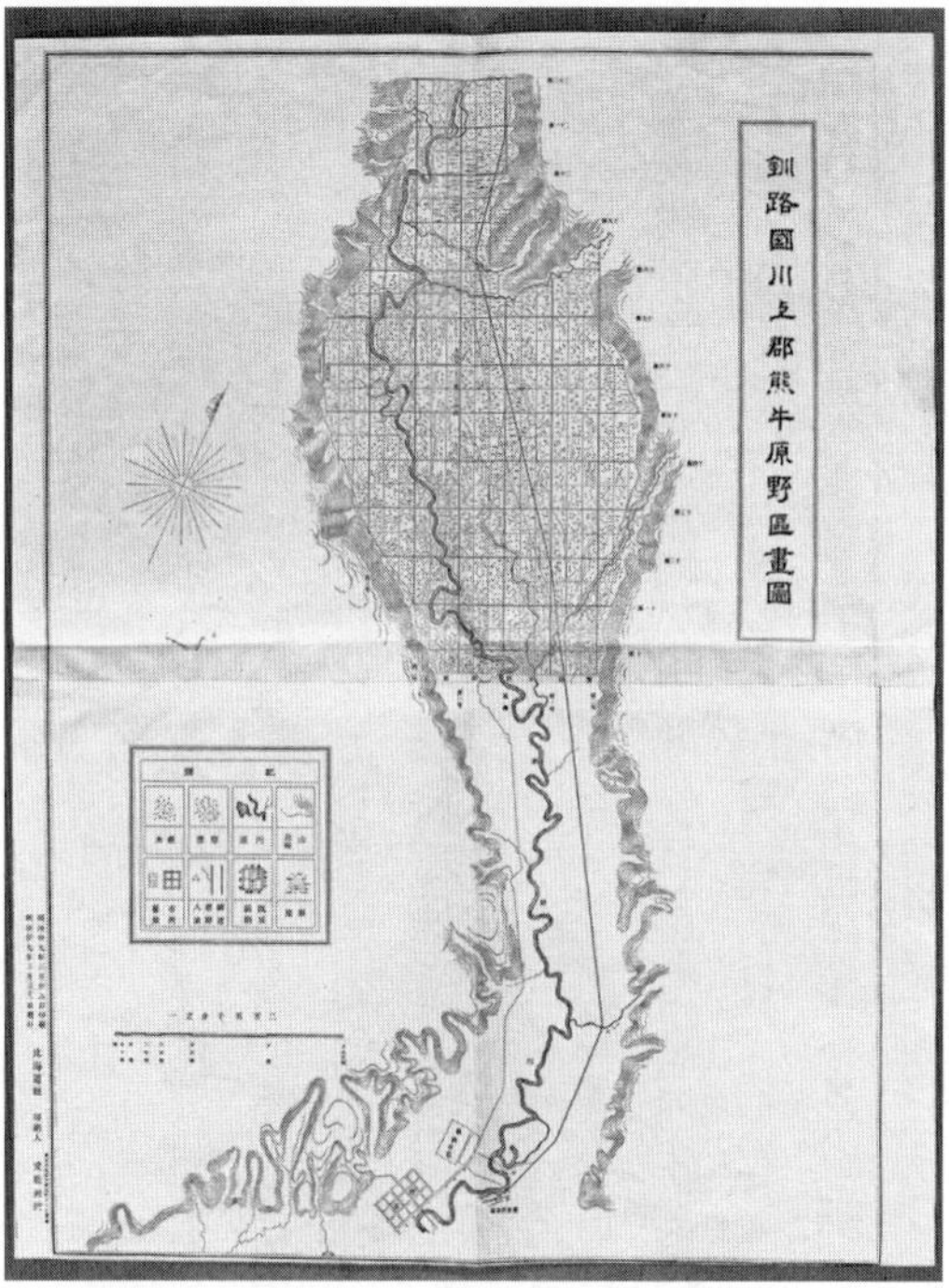

明治29年３月初刷の「川上郡熊牛原野区画図」

詳細は「熊牛原野」の項に譲るとして、現在に引き継がれる唯一の行政地名「熊牛原野」は、先に記述した、明治29年発行の「熊牛原野区画図」に初めて呼称された原野名であるが、同36年の分村によって弟子屈町と標茶町に2分され、現在に至っている。

標茶の創始 クマウシ及び熊牛《くまうし》村（下）

不気味な村名、昭和4年改称

熊牛村の歴史は、明治18年5月「熊牛村に戸長役場を設置し、熊牛、弟子屈、屈斜路、虹別、塘路の五ケ村を管理せしめ、本年七月一日より開庁」と根室県が告示し「役場は当分の間塘路に仮設する」として熊牛村外四カ村戸長役場が開庁した。また、この年、釧路集治監も開庁している。その後の戸長役場の変遷は、役場庁舎は明治19年に塘路から標茶市街地に移転したといわれているが、裏付ける資料は見当たらない。用地処理の状況は明治19年6月、熊牛村外四ケ村戸長役場敷地（現町立病院附近）と、白糠村外六ケ村戸長役場敷地の払下手続が進められ、翌20年1月、役場敷地が払下げられたことが「地所払下指令簿」で確認することが出来る。いずれにしてもこの時期に役場庁舎は完成したらしい。

その戸長役場は明治22年2月に一時廃止になるが、この年、釧路二等測候所が釧路から標茶に移転し、戸長役場であった建物を改修、増築して利用したことが関係文書に記載されている。この測候所は明治42年、釧路に移転することになるが、この間、特に、同29年8月9日の皆既日食、コロナ観測において、偶然の快挙として貴重な報告を行ったことは、当時として有名な話しであったという。

明治24年3月には、再び熊牛村外四戸村戸長役場が設置されたが、同36年6月、弟子屈村、屈斜路村が分村した。それによって熊牛村外二ケ村戸長役場となり、大正12年4月には、2級町村制の施行によって熊牛、塘路、虹別村が統合し「熊牛村」となった。

ところがこの村名に関して、釧路集治監初代典獄《てんごく》であった大井上輝前が「風そよぐ楢の葉音も身にぞ泌む、名も恐ろしき熊牛の里」と読んだといわれ、村名が不気味な印象であること、道内には同名の地名があることなどが村民の間でも問題になっていた。しかし、村名の変更を軽率に行なうべきではないとする意見もあって懸案になっていたが、昭和6年の釧網線全線開通を目前にして、飛躍的な町の発展に期待した理事者、村会が真剣な議論の末、同4年8月「標茶村」と改称した。それによって熊牛村という村名は消滅した。

熊牛村外四ケ村戸長役場

標茶の創始 シペッチャ及び標茶村（上）

交通の要所、川で硫黄運搬

『永田地名解』には、シペッチャ「大川端、大川の丘陵と云う義なり」加えて「安政帳に云う土人撫育《ぶいく》のため番人越年せりと」という注釈がある。標茶はその昔から、弟子屈方面から、また標津、斜里方面から虹別を経由し標茶に出て釧路川の舟便を利用する人が多く、交通の要所であったといわれている。

ここを通った主な人達の記録としては、寛政12年（1800年）に最上徳内が『北海岸川筋次第』に塘路湖、シラルトロ湖、標茶、オソベツ、虹別の様子を記載している。享和元年（1801年）には蝦夷地御用掛松平忠明が標津から虹別を通り、標茶から川船で釧路に下っているが、同行した磯谷則吉が『蝦夷道中記』を安政5年（1858年）松浦武四郎の『久摺日誌』に標茶に立ち寄ったという記録が残されている。

明治9年、釧路場所請負人であった佐野孫右衛門が川湯の硫黄試掘を出願し翌10年、開拓使が佐野家に15年の借区を許可し、この年から硫黄の採掘が始まった。

当初はその硫黄の運搬のため明治13年、雪理、標茶、弟子屈、跡佐登までの27里余というから、およそ106キロの道路開削を行った。しかし実際の硫黄の運搬は駄送によるもので、毎日300頭の駄馬を使役し、山元から標茶町栄地区の瀬文平まで9里（35キロ）余りを2日に1往復、馬1頭当たり20貫（75キロ）の硫黄を駄送し、瀬文平から五十石まで25石船、五十石から塘路まで50石船、塘路から釧路まで100石船で運ばれていたという。しかし明治18年、佐野家の硫黄事業は経営不振に陥り、当時の函館銀行の経営者山田家に跡佐登の硫黄採掘権を譲渡した。この時期標茶には、まだ集落形成を示す記録は無かった。

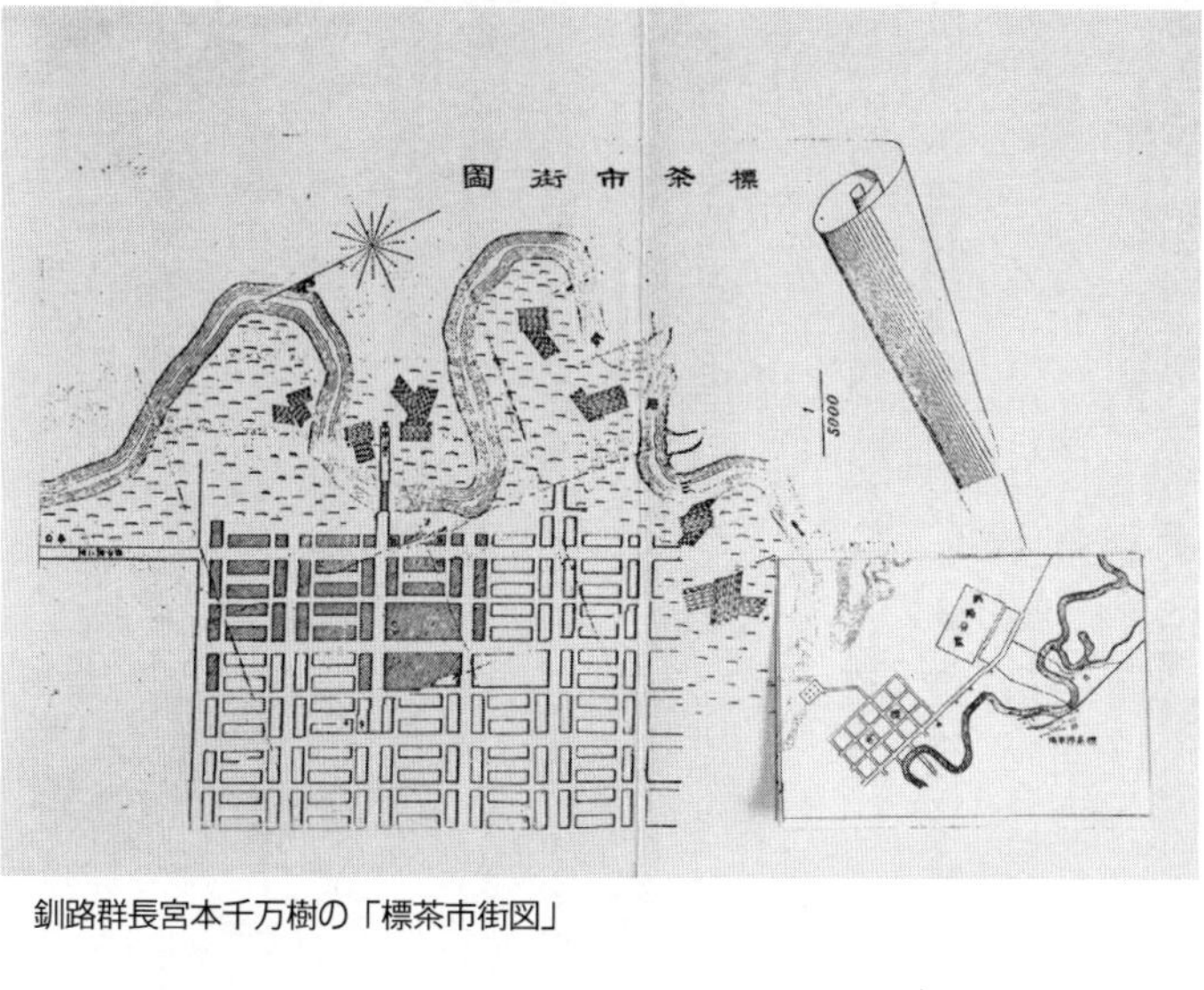

釧路群長宮本千万樹の「標茶市街図」

標茶の創始 シペッチャ及び標茶村（下）

鉄道敷設し、硫黄精錬本格化

標茶市街が本格的に開けたのは、釧路集治監の開庁が大きく影響した明治18年からのことである。またこの年、佐野孫右衛門が硫黄の採掘権を函館の銀行家山田慎の息子、朔郎名義に譲渡し、さらにその2年後の同20年4月には、事実上の経営者安田善次郎の息子善之助の名義で権利を譲り受けている。安田家はその年、現在の標茶消防庁舎付近に硫黄精錬所を建設し、山元から標茶まで硫黄を運搬する通称「釧路鉄道」を敷設して硫黄精錬を本格化した。またその時期、現在の「開運」「川上」の区域の大半を占めるおよそ500区画の宅地用地が北海道庁によって貸付準備が進み、この区域内に明治20年代、郵便局、日銀熊牛支金庫、二等測候所をはじめ劇場、宿屋、雑貨商などが標茶市街地として急速な発展を遂げることになる。

この頃の標茶～釧路間の交通路は、陸路も開削中であったが、釧網線が敷設されるまでの期間、安田の小蒸気船や民間の発動機船が往来して川船全盛の時代であったという。

ところが明治29年、安田家が硫黄事業から撤退し、同34年、釧路集治監も網走に移転した。その2年後の同36年には弟子屈村、屈斜路村が分村したため、熊牛村は一時廃村の憂き目を味わう程疲弊したといわれている。

しかし明治41年陸軍省は、白糠に設置した軍馬補充部釧路支部に次いで、旧釧路集治監跡地を利用し、川上支部を設置し軍馬の飼育を開始した。それによって標茶市街地は再び脚光を浴びることになる。

昭和２年には釧網線標茶駅が開業し、同４年の８月には「熊牛村」を「標茶村」と改称した。また、昭和25年11月には町制施行によって「標茶町」と改称して現在に至っている。

「北海立志図録全」から釧路硫黄山安田事務所絵図

標茶町の集落形成の推移（上）

団体移住、住民組織を形成

標茶町には明治時代から数多くの移住者らが招来した。しかし、古くからアイヌ民族が居住していた塘路及び、集治監の設置によって発展した標茶市街地を除くと、明治時代に集落の形成が進んだ地域はなく、大正から昭和初期にかけて阿歴内、久著呂、沼幌、オソッベツ、磯分内、虹別など主要集落の大半がこの時代に形成されている。

この時代北海道庁の移民政策は、団体移住を奨励していた。このような団体移住の場合、団長が地域全体を統括し、部落内の指揮命令系統も明確だったので、移住団体そのものが部落形成であり、自主的住民組織であった。その後、その形態を中心に全町に地域組織の広がりをみた。

このように形成が進んだ集落組織について、年代別に整理してみると、昭和6年頃、標茶農会の下部組織として標茶全域に36の農事実行組合が組織されており、農業振興や農業改良を目的とする農家組織として活動していた。昭和11年頃には、標茶村全村を網羅する「区長制」が敷かれ、主要集落のすべてがその組織の傘下に入っていた。

本来地域には、目的別に名称の異なる住民組織が機能しているものであるが、全国一律の名称と目的を制度として統一したのは、昭和15年9月「隣保団結の精神に基づき、市町村内住民を組織統合し、万民翼賛《ばんみんよくさん》の本旨に則り地方共同の任務を遂行せしむる為」とした内務省訓令第17号「部落会町内会等整備要領」が公布されたからである。それによって市街地には町内会、部落には部落会が市町村の下部組織として位置付けられ、国策遂行の末端機関として機能しなければならなくなった。当時の標茶村の対応について、昭和16年5月18日付、北海道庁長官に宛てた報告書によると「昭和15年10月現在、村常会、町内会部落会44の組織の完了を見た」という報告内容であった。

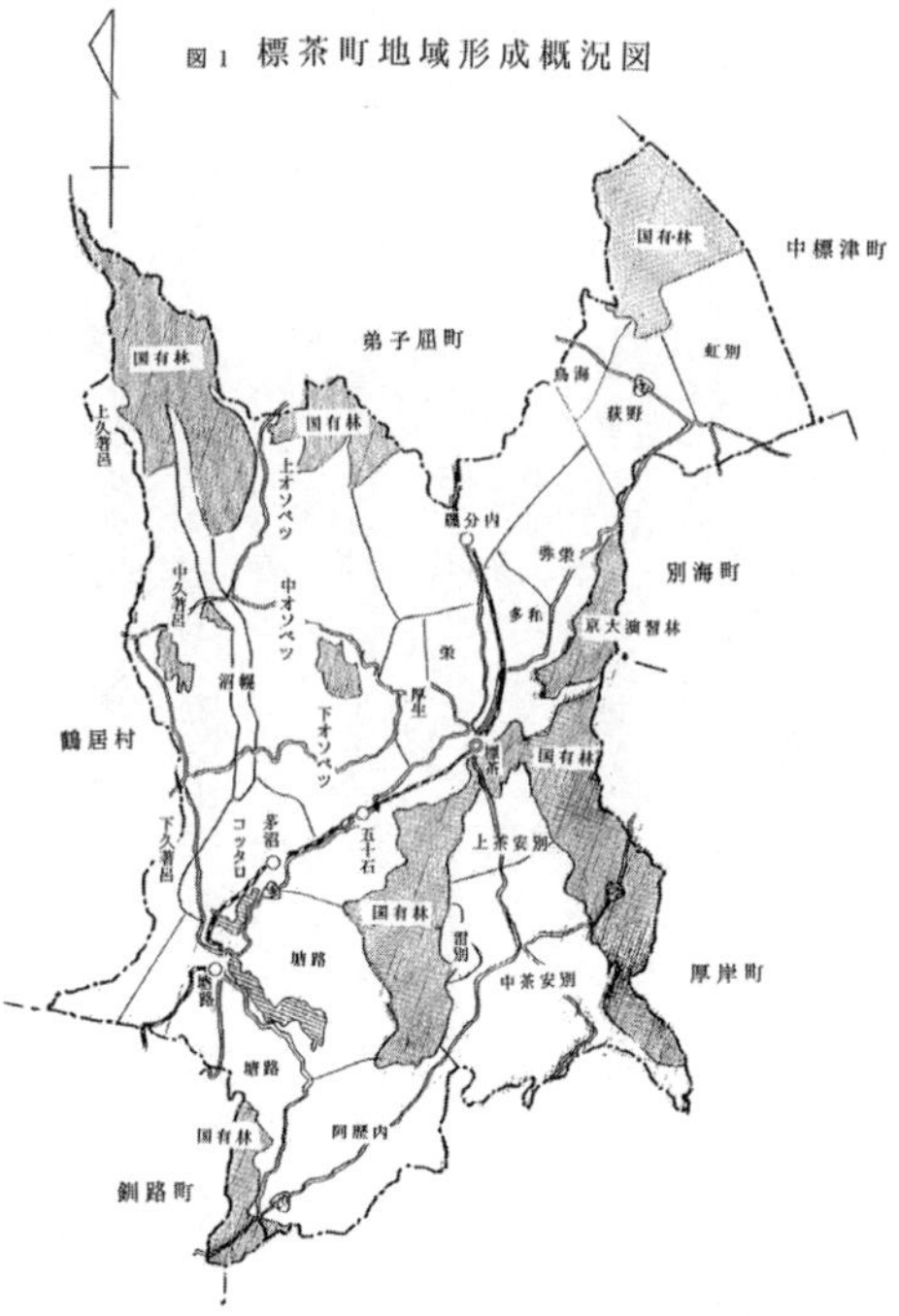

標茶町地域形成概況図

標茶町の集落形成の推移（下）

戦前戦後、集落組織に役割

昭和18年の事務報告書によると、町内会・部落会の設置数51、連合町内会1、連合部落会5が結成されたと報告しており、磯分内、御卒別、久著呂、阿歴内、虹別の各地区に連合部落会が組織されていたことが確認できる。

市街地については、昭和17年、国民貯蓄運動で国債の割当額を示した資料に、川上、開運、富士、旭、ルルラン、標茶鉄道、軍馬、大正製麻という現在につながる町内会の範囲を示した資料がある。

これらの報告書から察して、戦前は国を挙げて軍国主義全盛の時代であったことから、大政《たいせい》翼賛会《よくさんかい》の名の下に半強制的に町内会、部落会が組織化され、戦時行政の補助機関として機能した時代であった。このようにして設立した町内会、部落会は戦後、占領軍によって戦争に加担した団体として解散を命じられた。

しかし戦後、従来からの地縁地続きそのままに表1の通り全町的に部落会が復活し、住民の組織力によって苦難の戦後混乱期を乗り越えた。

また戦後、開拓者の入植によって新たに表2のような集落が形成され、昭和30年には、昭和の大合併によって太田村茶安別地域と合併し、弟子屈町との区域変更によって表3の地域を編入し、現在に至る地域集落の広がりとなった。

表1　戦前に組織された集落組織（部落会）

久著呂地区	下、中、上、奥久著呂、コッタロ、平和、共和
塘路地区	市街地区　沼の上
阿歴内地区	第1～第7、共和、トマン別、北部、東阿歴内
磯分内地区	第1（上部落）、第2（下部落）
オソベツ地区	上御卒別第1、第2、第3、奥御卒別
沼幌地区	沼幌、上沼幌
上虹別地区	山形第1、山形第2、旭協同、高知、宮城、福島、光陽
中虹別地区	上中央、下中央、新生
虹別市街周辺	第1、改正、協和、共進第1、共進第2
標茶市街周辺	ルルラン、五十石
標茶市街	軍馬、川上、開運、旭、富士、標茶鉄道、ルルラン、亜麻

表2　戦後に組織された集落組織（部落会）

磯文内川西	小林、協盛、平和、平泉、憩部落
磯文内川東	美幌、乙西、上磯分内、福島、泉、東磯分内、中多和
標茶市街周辺	厚生、栄、南標茶、北標茶、多和、京大演習林、共済
弥栄地域	山形第1、第2、第4、岩手、弥栄、越路、新潟、月山、最上、霞城、清水、協和
オソッベツ	中オソッベツ、下オソッベツ
虹別地域	羽黒、新興、新潟
萩野地域	鳥海、月山、萩野中央、弥栄新興、新潟、萩野宮城、萩野第1、開花
阿歴内地域	西和、北光、東栄第1、東栄第2、東栄光友
久著呂地域	新久著呂

表3　町村合併等で増加した集落組織

上茶安別地区	上雷別、東栄、新生、東国、上茶安別市街
茶安別地区	中茶安別、下茶安別、雷別、報徳、富貴原、新拓、共和、東
磯分内地区	福島、泉
虹別地区	鳥海

第2部

市街地の地名編

標茶市街地の発達（上）

水運から形成された街

標茶市街地が形成される過程において、釧路集治監および陸軍省軍馬補充部川上支部の開・閉庁が大きく影響し、その盛衰が即、町の盛衰につながっていたことは先に記述したとおりである。また一面、明治以来釧路標茶間の水運によって形成された街でもある。

特に市街地が形成される上で重要なことは、明治20年、北海道庁によって500区画に及ぶ宅地用地の貸付が行われ、釧路川の上流から見て右岸側一帯、現在の川上、開運が市街化する要因となっていた。

一方左岸側は、明治23年ごろから字ルルランに移住者が入植し、後に一部市街宅地に組み込まれることになるが、何といっても昭和2年、釧網線標茶駅の開業、同6年、釧網線全線の開通が大きく影響し、それを前後して駅前開発が盛んになった。さらに昭和12年、今は廃線した「標津線」が開通して、なお一層旭、富士の商店街を中心に市街化が進んだのである。

左岸側の特徴として釧路川の蛇行が著しく、川沿には湿地帯が広がり水害による被害が頻発し、川改修は長い間、市街地開発の大きな課題になっていた。そのため釧路川全体の改修計画を国、道に要請していたが、昭和25年ようやく、開運橋上流の蛇行修正が国の事業によって開始され、同29年には左岸側の旭・多和地区の堤防が完成した。

昭和27年の標茶市街の航空写真

そのような動きの中、昭和28年5月4日午前11時ごろに発生した火災は大火災となり、駅前商店街、旭、富士の大半102戸を焼失した。この大火の緊急対策として、翌年3月「標茶都市計画区域」を決定し、「火災復興土地区画整理事業」によって標茶市街地再開発が始まった。この時期から懸案であった釧路川改修事業が早まり、築堤工事、旧河川敷地の埋め立て工事も順調に進み、左岸側一帯の土地利用の様相は一変した。

標茶市街地の発達（下）

「字名」廃止、行政地名に

標茶市街地大火後の対策として旭、富士、桜の区域において都市計画事業及び区画整理事業が実施され、次いで右岸側の常盤、川上、開運の順に実施された。またその間、昭和48年1月、市街地上水道が給水を開始し、同50年には公共下水道事業の基本設計が組まれ、その後、およそ10年程の年月を費やしながら下水道の基本事業も終了し、一応近代的市街地形成の様相を整えた。

標茶市街地内の土地処分と行政地名の変化を見ると、全体を通じて「字標茶」が大半を占め、釧路川左岸側の一部に「字開運橋向」「字ルルラン」が所在していた。さらに現在の桜、平和、麻生の区域はすべて「字ルルラン」の地名で、しかも地番がばらばらに付番されている状況で、事務処理上煩瑣《はんさ》であり非常に不便であった。

そのため町は、平成7年度から市街地の住居表示を改正する準備として同6年12月、町長の諮問機関として「町名等整備審議会」を設置した。この審議会の構成員は、主として町内会事情に詳しい会長、副会長の要職にある人で構成されたこともあって、審議の結果、「字標茶」など、従来から使われていた字名を廃止し、町民にとって一番馴染み深い町内会名を行政地名に採用することが答申された。それによって、釧路川右岸側の常盤、川上、開運、左岸側の旭、富士、桜の行政地名が決定した。

　しかし、釧網線の東側一帯、新栄及び新富町内会の区域と、釧網線によって二分されている富士及び旭の扱いが課題になっていた。そのため審議会では、両地区の行政地名の決定にあたり、地元町内会に検討を託すことにした。この時、オモチャリ川を境に麻生、平和という行政地名にすることに決定し、平成9年、新しい二つの町内会が誕生したのである。

　市街地を構成する町内会組織の改廃状況は次のとおりである。


標茶市街地を構成する町内会組織の改廃状況

位置	町内会名	設立	昭和35年	平成11年
左岸側	常盤町内会	昭和21年９月設立	160戸	263戸
	川上町内会	昭和35年８月設立	140戸	205戸
	川上公住町内会	昭和34年５月設立	92戸	93戸
	開運町内会	昭和35年８月設立	165戸	235戸
右岸側	旭町内会	昭和36年６月設立	200戸	184戸
	富士町内会	昭和36年６月設立	115戸	75戸
	桜町内会	昭和29年　設立	160戸	463戸
	平和町内会	平成９年１月設立	戸	108戸
	麻生町内会	平成９年３月設立	戸	260戸
	亜麻会社		35戸	

廃止になった町内会

鉄道町内会	昭和35年８月設立	平成２年４月富士、旭町内会に再編
新栄町内会	昭和40年１月設立	平成９年１月平和町内会に再編
新富町内会	昭和42年10月設立	平成９年３月麻生町内会に再編

常《とき》盤《わ》（上）

文教や運動施設が集中

標茶市街地「常盤」という街は、釧路川右岸側の一番北側に位置し、東側は釧路川の左岸堤防まで、南側は標茶小学校横の旧軌道橋通りから北側一帯の区域。また、標茶町役場と保健所の間の川上通りから公園通りまでの北側一帯に広がり、標茶高等学校まで、さらに農業者トレーニングセンターを過ぎてすぐ、同施設の裏側の通りを左折して山裾まで、西側は通称「軍馬山」「駒ケ丘」と呼ばれる丘陵の山裾一帯、北側は高校敷地の中程までの区域である。また、地域の東側寄りを国道391号が、開運、川上、常盤地区を釧路川と平行に、南北に縦断している。

この街にはその昔設置されていた、釧路集治監、陸軍省軍馬補充部川上支部の跡地に現在の標茶高等学校が最初、北海道庁立標茶農業学校として昭和21年5月に開校している。

翌年の昭和22年5月には、標茶中学校が開校し、同26年9月、釧路聖公会の無認可「私立標茶保育所」が開所した。この保育所は昭和28年4月、町が譲り受け「町立保育所」として開所し、現在の町立みどり保育園に引き継がれている。

また、国道391号沿いに釧路保健所標茶支所、平成20年度に廃止され、今は福祉機関が活用している旧釧路開発建設部標茶河川事業所、その1本奥の通りに標茶町教育委員会、弟子屈警察署標茶駐在所、釧路農業改良センターなど国、道の出先機関が設置されている。

西側の山裾一帯には「川上」のエリアに所在するスキー場、多目的運動広場、野球場、農業者トレーニングセンター、全天候型多目的町民ふれあいプラザが設置され、常盤側にはそれと一帯の武道館、水泳プール、野外アリーナ、アイスホッケー場が整備され、さらに釧路川堤防敷地を利用した、36ホールのパークゴルフ場は夏季間大いに活況を呈している。

このように文教施設及びスポーツ施設が集中した街になっている。

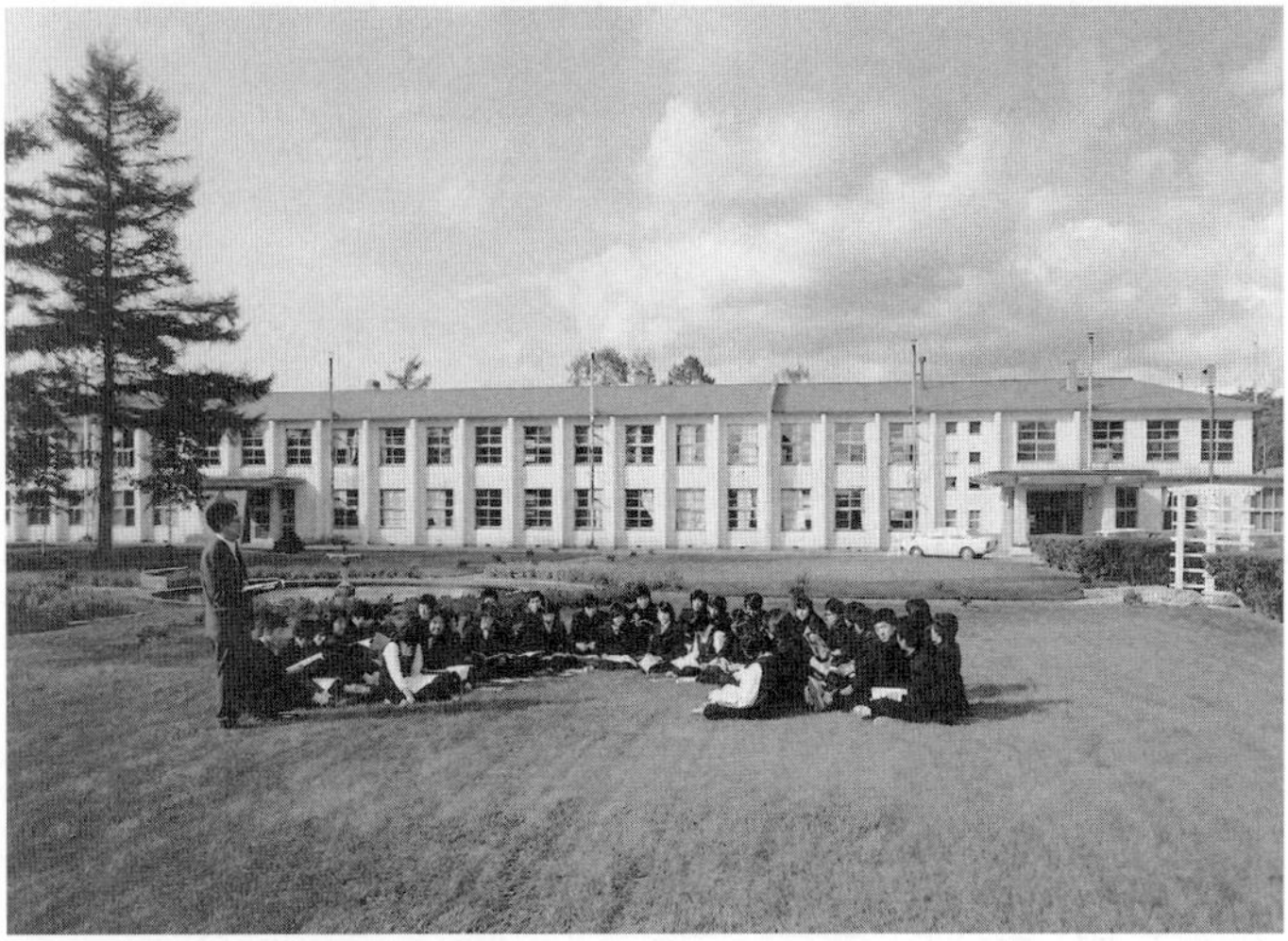

昭和50年代ごろの標茶高等学校

常《とき》盤《わ》（下）

橋の名をとって町内会発足

この街の歴史は古く、明治18年釧路集治監が開庁したことに始まり、同34年に網走に移転した後の同40年、陸軍省軍馬補充部川上支部が設置されて形成された街である。集治監時代の地域名は特になかったようであるが、軍馬補充部が設置されている間は地域名が「支部」とか「軍馬」とかと呼ばれていた。

「常盤」という地名の由来について地域誌によると、昭和21年9月「ときは橋」の名をとって「常盤町内会」として発足したことが始まりとのこと。

この「ときは橋」とは軍馬補充部時代、現在の標茶高等学校用地に本厩《きゅう》、京都大学演習林付近の「多和」に分厩が設置され2キロほどの道路で結ばれ、その道路の市街地寄りに釧路川を渡る「ときは橋」が架橋されていた。橋の名は、軍馬補充部に縁の旭川市に所在していた陸軍省第7師団と深い関わりがあったといわれている。ある古老の話しによると「旭川駅から第7師団指令部に行く道すがら、牛朱別川に常盤橋が架かっていた。その橋は昭和7年、河川改修によって埋め立てられ、現在は常盤公園横のロータリーに変わっているが、その橋の名を引用した」とのこと。

標茶市街地唯一の永久橋、開運橋の上流に平成9年12月、2番目の永久橋「ときわ橋」が架橋された。この橋に関係する機関、町内会によって「常盤橋景観委員会」が組織され、欄干のデザイン、色、橋名について検討が進められた。橋名については公募の方法をとり数多くの応募があった。しかし、標茶にとって由緒ある「ときは橋」の名を後世に伝えるためにも残すべきであるという、ある委員の意見に触発されたか、投票の結果「ときわ橋」という橋名に決定した。このような経過で標茶の歴史上意義深い、2代目「ときわ橋」の名が保存されることになったのである。

この街の行政地名は、平成11年2月に完了した町名・町界整備事業によって、「常盤1丁目」から「10丁目」に改められ現在に至っている。

初代の「ときは橋」

川《かわ》　上《かみ》

集治監の城下町で繁栄

川上という街は、北側は「常盤」に接し、東側は釧路川の左岸堤防まで、南側は駅前中央通（国道274号）を挟んで「開運」まで、西側は通称軍馬山の山裾までの区域である。地域を横切る国道391号付近には標茶町役場、町立図書館、町立標茶小学校及び標茶中央給食共同調理場があり、標茶駅から開運橋を越え、さらに直進すると山裾に特別養護老人ホーム「やすらぎ園」、軽費老人ホーム「駒ケ丘荘」が建っている。公園通りは最近、住宅地に変わりつつあるが、昭和35年から同61年にかけて標茶営林署が所在し、高校寄りにスポーツ施設、その向かい側に3階建ての町営住宅が建ち並んでいる。

この街の歴史は古く、集治監の城下街として栄えた街で、当時は現在の国道391号沿いに集治監御用達の店、雑貨店、酒蔵、小料理屋等が軒を並べ明治の一時代、釧路の町を凌駕する賑わいであったといわれている。

明治19年、釧路集治監内に開校した標茶簡易小学校は、同25年現在地に新築して移転。同じ年、学校に隣接して「公立病院」も建てられた。明治21年には川上神社、翌22年には憲徳寺の前身である御堂が建立され、同24年、川上神社の裏側に御料局札幌支庁川上出張所が設置されていたが同28年、弟子屈町に御料林3万町歩程の用地を確保し、同30年11月、川上出張所は弟子屈に移り、5月から業務を始めている。

　これらの施設は主に、市街宅地500区画中、駅前中央通と役場横の通りまでの200区画内に設置されていたものであった。また、何時から何時までかは不明であるが、この街を上町、中町と呼んだ時代があった。現在この区域は、川上町内会、川上公住町内会が活動しているが、「川上」という町名は「開運」の上流側に位置しているため「川上」と呼称したといわれ、町内会名もそれに習って「川上町内会」としたという説が一般的である。

　現在この街の行政地名は、平成10年2月完了の町名・町界整備事業によって、「川上1丁目」から「川上10丁目」に改められ現在に至っている。

川上神社

開《かい》運《うん》（上）

劇場や宿屋建ち並ぶ

開運の区域は、北側は開運橋から直進する駅前中央通を挟んで「川上」に接し、東側は釧路川の左岸側堤防まで、南側はシロンド川の枝川を挟んで南標茶地域まで、西側はゴミ処理場のクリーンセンターを越えて厚生地域までの区域である。

この街には、駅前中央通りの国道274号沿いに町立病院、ふれあい交流センターが開設し、国道391号沿い、市街地の南の玄関口にあたる付近に、標茶町農業協同組合とその関連施設、北海道ひがし農業共済組合の事務所がある。また近年、スーパー、コンビニが進出してにぎわいを見せている。

ここは標茶市街地が発達した明治18年頃から、隣接する「川上」と共に急速に発達した街で、開運橋の袂《たもと》には釧路川水運が盛んな時代、川船の終点の街として劇場、宿屋、雑貨商が建ち並び、短い期間ではあったが繁栄が頂点に達した時期であったと言われている。

現在の町立病院の付近に明治20年頃、熊牛村外四ケ村戸長役場、国道391号沿いに、日銀熊牛支金庫をはじめ標茶最初の郵便局が開局し、同21年には標茶駅逓所《えきていしょ》が開設されていた。明治22年には一時、戸長役場が廃止になり、その庁舎を増改築し釧路二等測候所として利用された。またこの年、川上警察署が設置され、明治24年には、戸長役場も再開した。

大正14年には、標茶小学校敷地の横に設置されていた公立病院が老朽化したため、村立拓殖診療所が現在の標茶調剤薬局の南側付近に設置され、翌15年、瑞龍寺の前身である曹洞宗標茶説教所が開設されている。昭和7年2月には現在のすずき花店の場所に「標茶村公益質屋」が開業し、小口庶民金融機関として町民の懐具合のやりくりを支援していたものである。昭和19年2月に標茶村役場が全焼した。そのため昭和23年9月、戦後復興の拠点となる役場が仮住いではと、当時の村議会が中心に、市街地町内会、一般村民に呼び掛けて、計根別にあった軍用建物、木造総2階建て286坪を解体し、役場庁舎として現在の川上の区域に完成させた。

明治期の船着き場

開《かい》　運《うん》（下）

竪穴式住居の集落形成

「開運」という地名は開運橋に由来するといわれている。この橋は標茶―厚岸間の道路の基点として明治21年に架橋された橋であるが、最初から「開運橋」と呼称されたのかは不明である。明治42年、この橋の架換工事が行われているが、当時の『釧路新聞』には「海運橋」の架換工事と報道されていた。いずれにしても川船によって釧路とつながり、その水運によって「運」を運んで来ることを期待しての地名らしい。

昭和11年発行の『標茶記念誌』によると、この区域を「下町」と呼んだ時期があった。しかし、今それを記憶している人はいないようである。

また、この街に人が住み始めた記録として、平成17年から営業を始めた「フクハラ標茶店」の裏側一帯の土地で、標茶町教育委員会によって埋蔵文化財調査が行なわれ、その結果について昭和59年3月、調査報告書『開運町遺跡』が発行された。それによると縄文時代というから、今から4500年程前、この場所に竪穴式住居が造られ、50～60戸の集落が形成されていたとある。まさに開運町内会の大先輩にあたる人たちの居住の証で、その当時から暮らしやすい安全な環境であったことが証明されていた。

また、国道391号から分岐して開運、常盤までの公園通りに入った左側に不二木材などが

昭和33年の開運橋竣工式の様子

ある地帯一帯が、大正時代の後半から昭和初期にかけて、釧網本線の路盤用の砂利の採取場であったことも判明している。

開運という地名は、昭和17年の「国民貯蓄運動の国債の割当額」を示した資料がいまのところ一番古い資料で、現在この街は、同35年8月に設立した開運町内会と、北海道ひがし農業共済組合の職員住宅街の二つの自治区に分かれている。

現在の行政地名は、平成10年2月の町名・町界整備事業によって、従来の「字標茶」から「開運1丁目」～「開運10丁目」に改められている。

旭《あさひ》、富士《ふじ》（上）

硫黄精錬所設置で発展

　標茶駅前「旭」「富士」という区域に共通する事項が多いので一括するが、釧路川左岸側一帯の区域で北側は戦後開拓地の多和地区まで、東側は釧網線まで、南側はオモチャリ川まで、西側は釧路川堤防までで、ＪＲ標茶駅から開運橋に向かう標茶駅前通りを挟んで左側が富士の区域、右側が旭の区域に区分されている。

　昭和25年から釧路川の蛇行修正工事が本格化し、古川となっていた旧河川用地も順次埋め立てられ、駅前大火を契機に都市計画の具体化によって区域の様相が一変した。その後、計画した事業が進むにつれて市街地としての機能を整えた。

　この区域の地名については、昭和11年発行の『標茶記念誌』などによると、「川向」とか「新市街」という地名で呼んだ時代もあった。この二つの街の地名は「部落会町内会整備要領」が公布された昭和15年頃からのことらしく、その裏付けとして、同17年の「標茶村国民貯蓄運動の国債の割当額」を示した資料に「旭」「富士」という地名が明記されている。しかし地名の由来については不明である。

　この付近一帯の土地処分の経過をみると、明治29年頃から開運橋を渡り、厚岸に通じる道路の周辺から土地の処分が始まっていたが、その当時の行政地名は「字標茶」「字開運橋向」「字ルルラン」として処分が進められていた。昭和34年、火災復興区画整理事業によって、主に駅前通りを中心に字名の表記が変わり「字標茶」「字開運橋向」から「字旭」「字富士」に改正された時期もあった。

さらに、平成7年11月施行の住居表示の変更によって、上記の字名を「旭1丁目」から「旭6丁目」に、また「富士1丁目」から「富士6丁目」の行政地名に統一され現在に至っている。

現在この地域には昭和36年5月19日に設立した富士町内会と、同じ年の6月に設立した「旭町内会」が自治活動を展開している。

振り返ってみると、現在の標茶消防署付近に明治20年、安田善次郎という人が硫黄精錬所を開設し、川湯の硫黄山から鉄道を敷設して鉱石を運搬し、精錬して釧路川を自前の蒸気船で釧路に運搬したという。この精錬所の設置こそが「旭」という街の創始であり、標茶町の発展に大きく貢献したのである。

昭和40、50年代の標茶駅前通り

旭《あさひ》、富士《ふじ》（下）

独特風情「ちょっと一杯」

富士側には昭和33年、開運にあった標茶郵便局が駅前十字路から厚岸行きの通りに新築して開局し、翌34年、大地みらい信用金庫標茶支店が厚岸信用金庫標茶支店として開業した。またこの年労働会館が建てられたが、昭和52年勤労者会館に建て替えられている。

町は昭和47年、民間経営の浴場「白山湯」を譲り受け、町営浴場「サウナわかくさ」を開業した。しかしその後、標茶市街地に何本かの温泉が涌出し、利用者が減少して昭和60年に閉鎖、翌61年にはこの施設を標茶中央公民館の一部施設として改築し利用を開始した。昭和53年、町立幼稚園が川上の青少年会館で開園していたが、同年11月には町立幼稚園をこの街に新築し移転した。その後、平成25年、桜の区域にさくら保育園と合同の園舎を新築し移転している。現在は開運9丁目にある標茶農協及びストアーがこの場所で昭和39年から本部事務所と合わせて営業していたが、手狭になり平成12年現在地に移転した。その昔、都市計画事業が進む前、駅前通を開運橋に向かい、富士町側には木造の家並みが立ち並んでいた時代、その中に飲み屋さんが何軒か雑居した「チロリン村」があった。夕方になると赤提灯が揺れ、通りの裏側の古川からの匂いが漂って独特の風情をかもし出す中、ちょっと一杯という人たちの溜まり場になっていた。またその付近にはローレンという、ちょっと瀟洒《しょうしゃ》なレストランと喫茶店があって、お茶や食事を楽しむ人も多かった。昭和35年標茶文化興業KKが街頭放送を開始し、軽やかな音楽にあわせて各商店のコマーシャルが流れていた。今は昔の物語である。

旭側の発達の経過を見ると、昭和31年、現在の北洋銀行が北洋相互銀行標茶出張所として開業。昭和36年、現在の標茶キリスト教会（旧メノナイト協会と愛光幼稚園）が開かれ、同47年には開発センターが完成した。また、道道中標津標茶線沿いには、昭和61年、市街地の中心部にあった標茶消防庁舎を現在地に新築移転し、旧施設を標茶商工会館（同63年11月）に改修した。平成元年には、富士に所在した標茶郵便局を新装して3度目の引っ越しをしている。このように昭和28年の駅前大火による一面の焼け野原と旧河川の埋立地が、60数年を経過したこの街の様子である。

昭和40、50年代の駅前通りの様子

桜《さくら》（上）

低湿地帯を住宅街に

桜という街は、標茶市街地の南側で、北側はオモチャリ川を境に富士に接し、西側は釧路川の左岸堤防まで、南側は、桜13丁目の標茶終末処理場付近及び桜8丁目でルルラン地域に接し、東側は釧網線までの区域である。

現在のこの街は、宅地造成事業及び公営住宅の建設によって、町内を代表する住宅団地になっている。しかし、昭和30年代の後半までは、この区域の土地柄として釧路川寄りに一部乾燥した土地があったものの、全域が低湿地帯であったことがこの地域の特徴で、現在の住宅街を想像することは難しい様相にあった。

その後の宅地化の歩みを追って見ると、まず最初この街は、明治時代から字ルルランとして農業を志す人が開いた処であったが、市街地旭、富士の発達と共に、厚岸行きの道路付近から徐々に宅地化が進んだ。

昭和33年、現在磯分内にある雪印乳業㈱の工場を建設する際、その候補地として字ルルラン丸井牧場の用地が候補に上がり、磯分内も湿地であったが、その湿地の度合いが問題視され、結果、磯分内に決定したという経過がある。

昭和38年になって、桜町最初の公営住宅10戸の建設が始まり、その後7年間に96戸分が建築

現在の桜公営住宅

された。またその1、2年後、桜通り付近に国鉄職員宿舎14棟27戸分が建設され、今に思えば、住宅団地建設のはしりであったといえる。

その後、昭和43年には町立桜保育園が開園し、平成27年には桜保育園・標茶町立幼稚園との合同の園舎が新築されている。

その南側の土地に昭和49年から、桜団地宅地造成事業が始まった。町がこの住宅団地の造成を議会に提案した際、土地条件の是非をめぐり理事者、町議会が熾烈な議論を行ったとのこと。

その後さらに住宅建設は進み、昭和59年には国鉄職員宿舎を解体し、同61年から新たに公営住宅団地の造成が始まった。その結果、現在2団地およそ200戸に及ぶ住宅が確保されている。また、この地区の南の外れに昭和62年、公共下水道終末処理場が設置されている。

桜《さくら》（下）

昭和39年に町内会結成

地域誌によると、昭和29年に桜町内会の前身である桜親睦会が設立し、町内会への移行は、規約には同39年制定と記述されている。その翌年の昭和40年、戸数の増加を理由に、釧網線を挟んだ東側を分離することになり、新たな町内会の新栄町内会が結成される運びとなった。また、昭和46年には同38年結成の桜公営住宅会と合併し、現在およそ５００戸を超える世帯構成になり、桜町内会として運営されている。

この街の土地処分の経過をみると、明治29年頃から開運橋を渡り、厚岸に通じる道路の周辺から土地の処分が始まり、やがて農業用地として、オソッベツ原野北43線まで広がるが、すべての土地がアイヌ語地名で坂を下る所を意味する、「字ルルラン」という行政地名で土地の処分が行なわれた。

それが平成7年及び同13年、町が実施した住居表示の変更によって「字ルルラン」は「桜1丁目」から「桜13丁目」に統一し現在に至っている。

また、桜町内会の前身である桜親睦会の名称の由来は、釧網線の踏み切り付近から山手にかけて、山桜の自生林があったことから「桜」と呼んだらしい。しかし「桜のあった新栄町を分離したため今は桜の咲かない町内になってしまった」と語り手は「自信のある話しではないが」

とも言っていた。

富士との境界を流れる、オモチャリ川は平和の奥の山裾から流れ出る川で、アイヌ語地名であるが、語源の解説はさまざまである。『永田地名解』では、名義不詳。松浦武四郎著『久須利日誌』（以下、『松浦久須利日誌』とする）には、「ヲホンシャライ、小川。此処にて昔人一人死したるが、其の人の名もとしも云はれぬと云事のよし也。本名オモチャレと云よし也。其儀は云はれぬと云儀のよし」と。またもう一説、オ・モイレ・チャル、そこにおいて・静かである・口（川）とも聞こえる。さらに「オモリチャリ」（東岸小川）川尻がゆるく散らばっている（川）の意、とある。

桜歩道橋から見た現在のオモチャリ川

麻《あざ》生《ぶ》

亜麻工場ゆかりの地として決定

「麻生」の区域は、主要道道厚岸標茶線で釧網線の踏み切りを越えた所から、右側に見える山裾一帯に広がる台地で、北側はオモチャリ川を境に「平和」に接し、東側は国有林まで、南側は字ルルランの地域、西側は釧網線までの区域である。

この街一帯もアイヌ語地名で「ルルラン」と呼んだ街で、地区の中ほどを通る主要道道厚岸標茶線で標茶から茶安別に向かい、国有林にさしかかった辺りから坂道になっており、アイヌ語の意味「坂を下る処」に相応しい様相を呈する土地柄になっている。この区域の土地処分の経過を追うと、南側寄りの大半の土地は、明治21年に開設された標茶駅逓所の放牧地として払下げられた土地であった。その後その土地は有志の手に渡っていたが、昭和13年5月、大正製麻KK標茶製線所が建設される際、現在の麻生5丁目の辺りから南側の土地が工場用地として譲渡されたものである。この工場が建設された経緯は、北海道庁が昭和2年「北海道第2期拓殖計画」を樹立し、東北海道の開発と寒地農業の確立を目指して、甜菜と亜麻を換金作物として奨励した時代があった。それによって昭和11年磯分内に製糖工場が、同13年にはこの地に亜麻工場が釧根農業確立の旗手として操業を開始したのである。それから26年後の昭和38年7月、帝国繊維KKの時代に工場が廃止となり、その後この土地は主として住宅地として処分され現在に至っている。

　亜麻工場が出来るまでのこの辺の様子は、人家はほとんどなく、厚岸行きの道路が大きく左折しながら登りにかかる左側に、釧路営林区署時代に開設した苗圃があって、そこに通う人たちが往来する程度であった。工場が出来てから、社員等によって通称「亜麻」と呼ばれる自治区が運営されていた。

　平成6年12月に発足した町長の諮問機関「町名等整備審議会」からこの地区の住居表示の検討にあたり、新たな行政地名の選定を委託されたことから新栄、新富の両町内会では合同役員会を立ち上げ、住民アンケートを実施した。その結果を役員会でさらに精査し、亜麻工場縁の地として行政地名を「麻生」に決定した。現在この街は、平成9年3月、新栄、新富の町内会が合併して、麻生町内会として新たに発足し、麻生1丁目から10丁目に整理され、現在に至っている。

麻生地区で操業していた亜麻工場

平《へい》　和《わ》（上）

昭和2年に機関区設置

この区域は、標茶駅の裏側一帯に広がる街で、北側は戦後開拓地多和団地零号に接続する通称スガワラ川まで、東側は山裾まで、南側はオモチャリ川まで、西側は釧網線までの区域である。

この街の特徴として全域が低湿地帯で、当初は大半の土地が農業用地として北海道未開地処分法によって貸し付けられた土地であり、戦後その一部の未処理用地が開拓地として売り渡された土地である。

この地区の歴史を年次ごとに追ってみると、明治45年、宮城県から大坂庄五郎と言う人がルルラン43番地に移住している。大坂は馬の飼育を中心に農業を営んでいたが、大正2年頃、太田村から3才のエァシャー種の牝牛を35円で購入し、熊牛村の時代、最初の牛乳屋さんとしてサイダー瓶に詰めた牛乳を、軍馬補充部官舎に配達していたという。また、現在の平和4丁目の北側、釧網線沿いに昭和5年から同30年まで、釧路畜産組合の家畜市場が開設され、年2回程お祭りのようなにぎわいを見せていた。

昭和2年9月には、浜釧路機関区標茶駐泊所、町民に親しまれた標茶機関区がこの地区の南側に設置された。それ以来およそ60年間、蒸気機関車の時代、ディーゼル機関車の時代を経て、平成元年4月、ＪＲ標津線の廃止とともにその役割を終え解体されている。また、昭和52年11

月に施工を開始した「釧路内陸標茶工業団地」の整備がこの地区の開発にとって大きく影響した。それを前後して地区一帯の宅地化も進んだのである。

地域形成の推移を見ると、昭和30年代前半までは住宅もまばらに2、3戸が点在する程度であった。その後年々宅地化が進み、工業団地が造成された頃にはおよそ50戸を数えるまでになっていた。しかし、その当時からそこに住む人たちが所属する町内会は、釧網線を越えて旭、富士町内会に所属していた。

国鉄の標茶機関区

現在は平成9年3月に結成した平和町内会に所属しているが、そこに至った経過は、前回の麻生地域と同様に同7年度の行政地名の改正が大きく影響して、新たな町内会の形成につながった。

平《へい》　和《わ》（下）

みんなの願い込め選定

町内会の再編があった当時、オモチャリ川の北側に住んでいた新栄町内会の会員は昭和40年以来、苦労を共にした仲間同志が二分される辛さを味わうことになった。

行政地名の改正にあたって、地区の適正な規模等を参酌《さんしゃく》すると同意せざるを得ない状況になっていた。このような経過でオモチャリ川の北側一帯、釧網線の東側の人たちの意向によって平成7年、「平和」という行政地名が誕生し、平成9年、平和町内会が結成されたのである。

行政地名の決定にあたって当時の関係者等は、記憶が薄れている例が多かったが、未組織の状況になってしまった3町内の有志等によって地名の検討を行った。

町の一番東に位置していることから「日の出」は、という意見もあった。しかし、山影で市街地では一番最後に、お日さまが見える場所であることが確認されてボツ。その他平成、平和が話題になり結局、みんなで平和に暮らせるようにと願いを込めて平和という地名を選定したとのこと。

平成9年3月9日に開催された平和町内会の設立総会では、町内会名決定の議題はなかったので、平和という行政地名が認知された時、町内会名も決定されていたらしい。

この街と「平和」という地名の因果関係は、昭和30年都市計画道路を決定した際、当時ここに住む住民はいなかったが、基幹道路として「平和通」を予定し、昭和52年から同53年にかけて、工業団地のメイン道路として、平和通は完成した。しかし、平和という道路名は住民にそれほどインパクトを与えてはいなかったようである。

この地区の行政地名はその昔から「字ルルラン」であったが、平成14年と同15年の住居表示の改正によって、平和3丁目から8丁目までが決定し、同20年には1、2丁目と9丁目が追加されて現在に至っている。

また、平和5丁目の東側、隅違の国有林内から流れる小川の流域に、元地番で4筆、32、33ヘクタール程の「字ヌピナイ」というアイヌ語地名の土地がある。しかし、地名の意味の詳細は不明である。

町内会活動の拠点、平和コミュニティーハウス

解散した鉄道町内会

富士・旭町内会に再編

標茶町と鉄道の関わりについて、昭和2年9月、釧網線東釧路—標茶間が開通し、その年、標茶駅と浜釧路機関庫標茶機関車駐泊所が設置され、それ以来標茶町は一面鉄道の町として発展した。国鉄時代及びJR時代を通じて、標茶に設置された主な鉄道施設の改廃を時系列に整理すると、次のような配置であった＝表参照。

表に示したとおり、昭和50年、蒸気機関車からディーゼル機関車に変わり、同62年、国鉄からJRに変わり、やがて経営の合理化が始まり、平成元年4月にはJR標津線が廃止された。それによって標茶町の一つの顔であった、鉄道の町としての看板を外すことになったのである。これに携わった鉄道職員の人たちの動向、鉄道官舎の建設経過、職員数の推移は不明であるが、標茶駅を中心に、南側、北側にほぼ均衡して鉄道官舎が建並んでいたものである。

国鉄時代のピーク時と思える昭和37年から同40年頃、標茶町役場の「駐在員に関する文書」によると、毎年110戸ほどの戸数を数えている。

地区名の流れを見ると、鉄道の開設当初は川向地区の一部の地区であった。昭和17年頃から「標茶鉄道」と呼ばれ、同36年5月頃に鉄道町内会が発足し、市街地町内会の一画を形成した。

しかし、この鉄道町内会は、国家的な鉄道事業が時代と共に合理化が進み、職員数が減少し、平成2年4月1日、富士、旭町内会に再編して廃止した。

鉄道施設の改廃状況　（釧路鉄道管理局史より）

昭和２年	釧網線が開通し標茶駅開業・ 浜釧路機関庫標茶機関車駐泊所設置（９月15日）
昭和４年	標茶保線区開設（10月15日）
昭和６年	電務区標茶交換所設置（５月30日）・ 釧網線全線開通（９月20日）
昭和12年	標津線開通・標茶機関車駐泊所を釧路機関区標茶支区に昇格（10月30日）
昭和38年	釧網線管理所を設置、標茶保線区を廃止（４月１日）
昭和41年	釧路営林区標茶支局設置（１月10日）
昭和44年	釧網線管理所を廃止・ 釧路機関区標茶支区が標茶機関区に昇格（２月１日）
	標茶保線区を設置し釧網線管理所を廃止（４月１日）
昭和50年	蒸気機関車最終列車運転（４月24日）
昭和59年	釧路機関区斜里支区標茶駐泊所（１月末）
昭和62年	国鉄からJRに移行・釧路支社発足（４月１日）
平成元年	JR標津線の運転営業を廃止・ 釧路機関区斜里支区標茶駐泊所廃止（４月）
平成２年	標茶保線区を標茶保線所に改称（３月12日）・ 保線所が標茶工務所と改称（10月３日）
平成９年	標茶駅の業務委託（10月１日）
平成10年	標茶工務所は釧路工務所に統合し廃止（３月31日）

新栄《しんえい》、新富《しんとみ》町内会

工場廃止、宅地化で設立

新栄、新富という2つの町内会は、昭和40年1月、桜町内会から釧網線の東側一帯の地区を分離し、新栄町内会が結成された。その2年後の昭和42年10月には、新たに住宅を建設した人たちによって、さらに分離して、新富町内会を設立した。

桜町内会から分離した当時の新栄町内会の戸数は95戸と地域誌に記述されているが、この年9月に発行された「標茶市街地戸別明細案内図」を見ると、この街の主な施設として雪印乳業㈱標茶工場、チップ工場、営林署苗圃が設置され、一般住宅131戸を数えることができた。また、昭和40年9月、当時の役場資料「駐在員に関する文書」によると、新栄95戸、亜麻45戸とあって、この地区の戸数は140戸ということになっていた。昭和38年7月、帝国繊維KK標茶亜麻工場が廃止され、その用地は宅地化する直前で、社宅が一時賃貸住宅として仮住まいの人がいた時代であったためか、40、50戸が町内会未加入であったらしい。その1、2年後から亜麻工場の用地が宅地として処分され、新たに住宅を新築して移り住んだ人達によって昭和42年10月には新富町内会が設立したのである。

この亜麻工場の建設経過については「麻生」の項と重複するので省略するが、工場全体の土地の利用の内訳として、建物敷地1万4574坪、干場3万3379坪、その他の土地1万66

25坪、総面積6万1551坪であった。また、建物については事務所、工場、種子庫、倉庫、仕分庫、合宿所、共同浴場1棟、社宅13棟、合計50棟、2656坪を数え、当時としては膨大な施設であった。

平成7年、住居表示の改正が契機となって、新富町内会は麻生町内会に、新栄町内会は平和町内会と麻生町内会に再編されたため、新栄、新富の両町内会は廃止された。

また、麻生6丁目の南東側隅違の土地で、森林の様相を呈し、北側が森林公園の縁を尻無川が流れ、その川と南側の字ルルラン54番地に挟まれた土地で、『永田地名解』では「川曲がる処」という意味の1筆、およそ3・7㌶ほどの「コムケップ」という土地がある。クレソンの自生地らしい。

地域の主要施設だった亜麻工場

第3部

地域の地名編

標茶市街地周辺 小集落の形成

「軍馬補充部」用地跡地に入植

標茶市街地周辺の地域は、明治時代から農業を目的に移住者が定住したルルラン地域を除き、大半の土地が釧路集治監用地として、またその跡地を陸軍省軍馬補充部川上支部用地が占めていた。そのため標茶市街地周辺一帯の土地には明治、大正、昭和20年半ばまで、移住者が入地する余地のない土地柄であった。

昭和20年8月15日、第2次世界大戦が終わると、軍馬補充部用地は直ちに開拓財産に組み込まれ、それによって釧路川及び釧網線を挟んで東側一帯の土地、多和放牧地及び磯分内放牧地が、戦後開拓地「多和地区」に設定され、開拓者２１１戸が入植して、旧部落名でいうと、多和、中多和、弥栄一円、乙西、美幌、上磯分内、福島、泉部落が、新たな集落を形成した。さらに、釧路川の西側にあたる川上放牧地が開拓地「西熊牛地区」に設定され、２３１戸の開拓者によって、小林（後に小林、協盛、平和、憩、平泉）栄、厚生、南標茶部落として集落が形成された。このように戦後開拓地が市街地に隣接した比較的便利な場所に、しかも大団地が設定されたのも全国的にみて珍しいケースと言われていた。

また、昭和24年4月、京都大学が旧軍馬補充部川上支部の用地の一部を取得した。取得した場所は標茶市街から約2キロほど北側で、釧網本線と旧標津線が分岐していた位置に、その昔、

京都大学フィールド科学教育研究センター北海道研究林の旧事務所
（昭和28年撮影）

軍馬補充部時代の施設、多和分厩が設置されていた。その場所の付近一帯の土地も含めて、主要道々中標津・標茶線沿いの多和及び弥栄開拓地の南側を流れる多和川に沿った奥地で別海町・厚岸町と境界をなす、面積1442・6㌶の土地である。

京都大学では戦前、樺太を始め台湾、韓国に演習林総面積の96％に相当する13万㌶の演習林を所有していたが、太平洋戦争によってすべてを失い、貴重な研究が不可能になった。そのため、学内で標茶を候補地の一つに上げ、国と折衝を続けた結果である。

ルルラン

農業志す移住者が定住

市街地の歴史に度々出てきたルルラン（アイヌ語地名、坂を下る所）の現在の区域は、北側が都市計画区域で標茶市街地に接し、東側は茶安別地区につながる国有林まで、南側は字オソッベツ原野北34線まで、西側は釧路川までの区域である。

この地区には明治23年頃「土地払下規則」の時代から農業を志す移住者が定住し始めた。その当時、ルルランから見た市街地は、釧路川を挟んだ現在の開運、川上の向こう側に釧路集治監が開庁し、釧路川の上流部には安田の硫黄精錬所が操業し、標茶市街地は大変な賑わいをみせていた時代であった。

明治30年「国有未開地処分法」が制定された頃から移住者が増加し、明治、大正時代を経過し昭和21年までのおよそ60年間に、通算して58戸が入植した。また、戦後は国有未開地の未処分地に戦後開拓者9戸が入植している。戦後開拓地を除いた、土地の処分の内容を見ると、地番については、51番地を除き、1番地から108番地まで整然と付番されているが、字名が、字ルルラン、字ルルラン原野、字ルルランベツと三つに区分されていたのが特徴的である。字ルルランという地名が、標茶市街地内に複雑に介在し、都市計画上大きな課題になっていたことは、前回までに何度か記述してきた。その経過をみると、長い間標茶市街地と農村部の線引きを明確にする機会がなかったことが要因であった。その後、昭和29年、市街地区域の都市計画区域が決定し、同45年、農業側が農業振興地域の指定によって農村部としての区域を決定した。更に、平成7年度からの住居表示の改正によって、市街地区域から「字ルルラン」という地名が消え、市街地、富士の南側に隣接するルルランという地域が明確になった。この地域は、市街地に隣接した便利な農村集落であるが、昭和28年頃には31戸、同40年には19戸と年々農家戸数が減少した。平成28年度は市街地から移り住んだ人も含めて15戸の構成員によってルルラン地域会が運営されている。

市街地と国道391号を結ぶ町道ルルラン通り

多《た》和《わ》

江戸時代後半以前に記録

多和という地名について、アイヌ語地名か、和名かを明確にした資料は今の所見当らない。アイヌ語地名の解説では、豊島三右衛門著『豊島地名解』には、但タワ中川有り、タワト云ハ、キハダ有ト云名也。また、知里真志保著『分類アイヌ語辞典（植物篇）』には、もしかすると樺太アイヌの地名では、という説がある。タハまたはタパであればキハダの実をとるために枝のついた木をつかった手鈎《てかぎ》をタパと呼ぶらしい。この川筋にはキハダという木が多いという。

キハダという木は、シコロとも言われ、黄色い内皮は薬用及び染料として利用される樹木で、標茶全域に生えている喬木《きょうぼく》である。

和名だとして他府県に所在する多和という地名を洗い出すと表のとおりで、関東では東京都、埼玉県に分布しているが、中部、関西、中国、四国、九州に分布している。表の一部を補足すると、岡山県多和山峠は、有漢町と北房町の境界にあたる峠で、その外にも峠であったり、峠の下の集落という処が散見された。地名の由来について明確に書かれている処はないが、香川県長尾町の多和郷は平安期に見える郷名とのこと。北海道の時代考証で平安期とは、アイヌ文化期の前、擦文《さつもん》時代の頃にあたる。

古いと思われる和人の通行記録の一つ、享和元年（1801年）8月、御用係下役藤知文、別の名、福井芳麿が記した『蝦夷の島踏《しまぶみ》』に、「五日、ニシベツに泊る。六日、三里ばかりにてタハという所に昼餉《ひるげ》す。三里半ばかりしてシベチャにやどる」とある。この享和元年は江戸時代も後半の時代であり、タワの地名は当然それ以前からの呼称である。和名にしろアイヌ語地名にしろ、探れば探る程、奥の深い地名であるが、さて…。

府県に分布する多和という地名の所在

島根県	弥栄《やさか》村	多和
	伯太《はくた》町	峠之内《たわのうち》
香川県	長尾町	多和　多和神社
	津田町	多和郷　多和神社
大分県	玖珠《くす》町	多和野
埼玉県	坂戸《さかど》市	多和目
三重県	南島《なんとう》町	多和奈志
和歌山県	橋本市	タワ村
岡山県		多和山峠
京都府	福地山市	田和
兵庫県	上月《こうづき》町	田和村
東京都		田和峠

多和《たわ》地区の戦後開拓

帰農の復員軍人ら開墾事業

多和という名称で戦後の開拓団地が設置されたことは、先に記述したとおりであるが、その開拓団地の一角、釧路川の左岸側で標茶市街地、旭、平和のすぐ北側に隣接して多和という集落が形成されている。この地帯はおおむね平坦な土地柄であるが、全体が摩周系火山灰土に覆われ、湿潤な土地が大半を占めている。

この開拓地には終戦直後、標茶に駐屯していた北部軍熊9218部隊の一部の軍人によって「復員軍人職業補導会標茶畜産部」が組織され、昭和20年12月から、軍馬補充部多和分厩を中心に活動を開始した。

この畜産部設置の趣旨は、北部軍獣医部が、終戦に伴い復員する軍人が開拓者として帰農するのを支援するために、家畜の供給を行う基地として設置されたものであった。しかし、終戦時、復員軍人が集団で事業を行うことを嫌う進駐軍GHQの強い意向によって、畜産部は解体を迫られる。参画した人たちは戸別に将来の進むべき道を選択し、結果として職業軍人補導会は解散し、参加者35戸中14戸が現地にとどまり多和地区の開拓に従事した。

当時、標茶村農業会が乳牛の人工授精事業を模索していた時期であったが、この企画に参画した獣医師等の献身的な努力によって、家畜人工授精事業が他町村に先駆けて定着した。

その後、この地区は行政地名、多和区画地として土地処分が行われ、畜産部から移行した14名、一般入植者34名によって開墾事業が進められた。しかし結果は、離農する農家が多く、現在はこれらの土地を購入した新規就農者を迎えて、湿地帯という難しい土地条件を抱えながらも肉牛生産を中心にした農家によって集落の形成が図られている。

この地域の一角に「淳ちゃん牧場」をはじめ、㈱エフシーエスによって「星空の大地から星空の食卓へ」をモットーに「星空の黒牛」という銘柄の牛肉生産が行われている。

旧軍馬補充部多和分厩舎

弥《いや》栄《さか》地区の戦後開拓（上）

帰国開拓団が酪農郷実現

弥栄開拓団が入植した上多和地区は戦前、軍馬補充部多和放牧地内の土地で、標茶市街地から主要道道中標津標茶線で多和地区を越えた位置にある。地域の北側は町営牧場多和団地、西側は多和川の支流ポンタワ川流域、南と東側は多和川の支流、南タワ川とその一つ上流のイソチンベ川（アイヌ語地名は不明）を境に、京都大学の北海道研究林に接する区域である。この流域の所々には深い沢地が見受けられるが、地区の大半が摩周系火山灰土に覆われた丘陵波状の傾斜地帯である。

この地区に入植した弥栄開拓団は昭和7年10月、東北11県から選ばれた在郷軍人500人によって編成され、「永豊鎮屯墾第1大隊」として旧満州国三江省樺川県永豊鎮に入植した開拓団である。この団体が実質的な満州集団移民としての最初の開拓団で、武装開拓団とも呼ばれ、第1次試験移民集団として「弥栄村」を形成した。

満州での開拓は「満州開拓政策基本要綱」に基づき、「日満一徳一心」「五族協和」の思想を合言葉に「王道楽土」の建設を目指し、順調に進められていた。ところが第二次世界大戦の末期にソ連が参戦し、直後に終戦を迎えることになる。それまで日本軍の勝利の報道しか聞かされていなかったため、満州国内は大混乱に陥った。特に満州奥地の移住民の生活は暗転し、帰国に至るまでのおよそ1年間、体験者以外どのような言葉をもってしても表現することはできない程、壮絶で悲劇的な難民生活を送ることになるのである。

帰国した開拓団は再編され、青森県六カ所村と標茶町上多和地区に分かれて入植することになる。標茶町に移住した弥栄開拓団員は37戸、他開拓団員5戸、青年義勇隊員5戸、一般入植32戸、合計79戸の編成であった。その後、満州で果たせなかった理想郷建設の夢は、標茶町において酪農郷を実現し、大きな花を開かせた。その開拓精神は次世代に引き継がれている。

1952年に完成した弥栄集乳所

弥《いや》栄《さか》地区の戦後開拓（下）

開拓指導に尽くした「先生」

弥栄という地区名は、満州開拓団時代の団体名を継承したもので、標茶ではこの地区を総称する地名として呼称され、行政地名には使われることはなかった。また、この地区の行政地名は、上多和原野区画地、上多和区画外地、上多和などの字名で売渡しを受けている。

弥栄開拓団の入植は綿密な「標茶地区入植計画」によって二度目の開拓事業が開始された。昭和23年7月、弥栄開拓農業協同組合を結成し、当初から入植者の経営方針を酪農と定め、その振興のために内部組織に「林牧組合」を設置して牧野の造成に取り掛った。その後、牛乳処理場、食品加工場、家畜人工授精所を開設して組合員の営農意欲を喚起した。ここに至った経過には、満州に於いて経験した弥栄村の自立に必要な施設設置に習ったものであろう。

この計画の策定及び入植後の経営指導に大きく貢献した中村孝二郎氏は、弥栄地域において畏敬の念を込め「先生」と呼ばれていた。先生は満州開拓の当初から日本の窓口である「拓務省」に乞われて入省し、満州各地の開拓団移住地の用地調査をはじめ、弥栄村を中心に開拓地の経営指導に全力を尽くし、満州拓殖公社の経営部長、理事を歴任し、その後に満州国立開拓研究所長の要職にあった人である。また、終戦後は、海外から帰国する移住者の支援のため根釧入植促進委員会委員長として、開発協会標茶事務所長として、弥栄開拓団と行動を共にした人である。

弥栄地区に関連して、標茶市街地から道道中標津標茶線で虹別に向かい、集会所等をすぎて1キロ程の処に、阿寒連山、摩周岳、西別岳の山並みが見渡せる高台がある。そこが大坂山という地名になっている。この地名の由来は、明治40年、釧路集治監用地が陸軍省に移管され、翌41年、牧草試験地に決定した。その際、陸軍省軍馬補充部長大倉中将、釧路支部長坂野支部長、山倉技師によって現地視察が行われたと言われている。この大坂山は現地確認に来村した3氏の頭文字をとって命名されたもので、決して山岳がある訳ではない。その年、軍馬補充部川上支部が発足した。

弥栄の開拓指導者の中村孝二郎氏

南標茶《みなみしべちゃ》・北標茶《きたしべちゃ》

市街地に隣接 戦後開拓地に

釧路川の右岸側、標茶市街地を挟むように南標茶、北標茶という地域がある。それぞれの地域の特徴は次のとおりである。

南標茶地区の区域は、北側は釧路川に流れるシロンド川の支流を挟んで、標茶市街地開運9丁目と10丁目に接し、南側は五十石橋手前まで、東側は釧路川まで、西側は厚生地域及び下オソッベツに囲まれた区域である。地域の東側を釧路川とほぼ平行に国道391号が縦断し、その道路沿いに細長く広がる平坦な地域であるが、大半は釧路湿原の上流部にあたるため、湿地帯で占められている。

この地域は戦後開拓地西熊牛地区の一部で、旧軍馬補充部川上支部用地南区耕作地の草刈場として利用されていた土地であったが、軍馬補充部時代、牧夫として活躍した人を中心に19戸の戦後開拓者が入植した。その内訳は、軍馬補充部当時の雇人が7名、一般入植者が12名であった。この土地の事情に詳しい人たちで、終戦直後の混乱期に赴任地であった白糠、仙美里《せんびり》から直ちに帰標し、市街地に最も近く、生活面においても便利で、しかも既墾地であった南標茶に入植し、新たに集落を形成した。地区名の南標茶は、標茶市街地のすぐ南側に隣接しているために戦後になって呼んだようで、行政地名等に使われることはなかった。

北標茶地区は、釧路川と国道391号に挟まれた区域で、南側は現在の常盤5丁目まで、北側は標茶高等学校用地内から流れ出る小川で字栄区画地に接続するおよそ50㌶程の区域である。もともとこの地区は、戦後に開校した標茶高等学校用地の一部であったが、昭和25年当時、釧路川向いの多和地区では、過剰入植の状態になっていた。そのため道農地開拓部は道教育委員会に対し、高校用地150㌶程の開放を申し入れたが、それに対し道教委及び地元標茶高等学校が当然のように反対運動を展開した。結果は50㌶程の高校用地を割愛することに決定した。それによってこの地区は開拓地に変わり、昭和27年7月1日付で5戸の開拓者に「字標茶」区画外地として売渡を行ったのである。現在この区域の土地利用は、賃貸借による農地利用が進んでいるものの、一部は都市計画区域に組み込まれ、市街地に近いほど宅地化が進んでいる。

国道391号の南標茶橋から見た開運方面

厚《こう》生《せい》

戦後開拓団が集落を形成

戦後開拓地の厚生地区は、標茶市街から国道274号でオソッベツ方面に向い、市街地から西側に見える高台を登り切った辺りからの奥の台地一帯の地域である。この地区の区域は、東側は標茶高等学校用地及び旧厚生牧野、南標茶地域に隣接し、西から南側にかけてはオソッベツ川まで、北側は栄地域までの区域である。オソッベツ川東側の台地の一部に平坦な土地がみられるものの、地域の大半は丘陵波状の台地で占められている。

この地域には、戦後に第13次満州馬産開拓団の一部が入植として形成した集落であるといわれていた。この開拓団は、帰国後も旧満州での夢を捨て切れず、戦後開拓団として再編成され、その半数が白糠町「和天別《わてんべつ》地区」に入植し、半数が標茶町「西熊牛地区」に入植した。しかし、その後の調査によると馬産開拓団に参加していた人は少数で、大半が鶴居村を中心に釧路管内出身者、及び復員軍人軍族等52戸の開拓者が、厚生部落として新たな集落を形成した。

集落名「厚生」の由来は、昭和21年6月、入植して以来最初の常会を旧軍馬補充部15号看守舎で開催した。議題の一つであった部落名について審議が行われた結果、集会所として利用した15号看守舎の略称名が「厚生」であったため、部落名を厚生にすることに決定したと厚生部落誌『開拓10周年小史』に書かれている。

昭和46年に閉校した厚生小学校舎

この地域は平成8年、標茶町が進めていた、一つのエリアで一つの誇れる事業を掘り起こす「地域特性化推進事業」通称1A・1P事業について部落会を挙げて検討した。結果、厚生部落会を厚生地域振興会と改称し、地域づくりのスローガン「明るく住みよい厚生地域づくり」を目指すことに決定した。この計画は会員自らの手によって厚生地区整備計画を作成したもので、計画の概念として、地域会自らが実施する事業、町、及び国と連携して実施する事業に区分した。さらに計画実現のため、①地域イメージの向上②地域財産の整備③生活環境の整備④酪農経営の安定向上を目指すこととし、56項目にわたる実施事業を設定している。現在も住みやすい故郷の建設を目指し、着々と地域活動が進められている。

栄《さかえ》

戦前は軍馬補充部用地の一部

栄地域は戦後開拓地で、標茶市街地の北側に位置し標茶高等学校用地北側の小川を境とし、西側は字栄原野西5線まで、北側は西熊牛原野9号線で小林部落に接し東側は釧路川までの区域である。この地域は戦前、陸軍省軍馬補充部用地の一部で国道391号沿いの平坦な土地が耕作地橋前区の草刈場、高台の大部分が放牧地として利用されていた。

地形は、地域の東寄りを通る国道391号沿いに平坦な土地の広がりが見られるが、山側は丘陵波状の傾斜地帯であり、地域全域は摩周系火山灰土に覆われている。

この地域の開拓は、昭和21年から31年にかけて軍馬補充部の要員を始め復員軍人、引揚者等56戸が入植して始められた。

地名の由来について、軍馬の時代は「橋前」と呼ばれていたが、その橋前の橋とは、明治20年に竣工した瀬文平橋のことである。佐野家の硫黄生産の時代、駄送された硫黄を川船に積替えた場所がこの付近で、瀬文平とは「チェプ・ウン・ピラ」というアイヌ語で「魚・いる・崖」というらしい。集落名「栄」の由来は、昭和22年の春、標茶小学校栄分校が落成した際、地元有志から、末長く栄えるようにとの意見から、栄部落にしたと地域誌に記録されている。

この地域の自治活動は、栄部落会が入植当初に発足し、その後地域内に農事実行組合、道路愛護組合、酪農振興会、婦人、青年会等々の団体が組織されてきた。そのため、昭和40年度から集落内組織の合理化を図るため、①各組織の役員選挙に必要以上に時間がかかる②各組織間の連携が難しく行事や会議が競合する③役員だけの組織になりがちである等の問題点を整理し、同44年、地域内組織を一元化し、栄部落振興会に刷新した。

平成9年、標茶町が進めた「地域特性化推進事業」によって「栄酪農文化村」構想を打ち出した。この構想の概念は、住んでいる人の「心の豊かさ」を求めて、①地域のイメージアップ②地域産業の振興③地域内外の交流④生活文化の向上を図り「豊かな酪農郷〝栄〟」を目指し事業化したものであった。現在はこの計画実現のために地域を挙げて事業の推進を図っている。

校舎の前で記念撮影に応じる栄分校の児童たち

磯分内《いそぶんない》

大正時代に集落形成

磯分内は、『永田地名解』には「イセポ・ウン・ナイ　兎川、兎多シ、和俗『イショフンナイ』ニ訛ル」とある。

昔からの磯分内付近の歴史を紹介する文書、大内餘庵著『東蝦夷夜話』には安政時代、厚岸の会所に来ていた医者の大内餘庵という人が、益鳥を捕獲して咎められたという記録がよく引用される。また同じ時期、松浦武四郎が釧路川沿いの調査を行い『戊午東西蝦夷山川地理取調日誌』に熊牛の様子を書いているが、磯分内に関する記録はない。明治時代またそれ以前から、南弟子屈にあった熊牛という地区と磯分内を重ねて見る向きがあった。しかし、それぞれ別々の土地柄である。

明治11年、佐野家が川湯の硫黄を瀬文平まで釧路川の右岸側を駄送し、そこから釧路まで船で運搬した時代、磯分内のあたりは駄送の馬列が通過したにすぎなかった。また明治20年、安田家によって標茶跡佐登間に釧路鉄道が敷設され、硫黄運搬をしていた時も、その時刻表には磯分内駅の表示はなく、磯分内川付近、多和平への入口あたりに休泊所という機関車に給水する場所が設置されていたという。また明治36年6月に、弟子屈町、標茶町の町界付近に磯分内駅逓所が設置され、旅人宿、昼食、荷物の駄送などの便宜を図っている。このように、この時代までの磯分内は交通上重要な位置にはあったが、一通過点に過ぎなかったようである。

明治30年になると「未開地処分法」が制定され、農業を志す移住者が増加した。磯分内最初の団体移住の山梨団体をはじめ、数多くの移住者が磯分内、南弟子屈間の「熊牛原野」に移住し始めたが、明治時代には南弟子屈付近に集落の形成を見たものの、磯分内には大正時代になってようやく上・下部落に集落の形成を見た。

釧網線の全線開通は昭和6年9月であるが、同4年4月、この地を総称する地名を使い「磯分内駅」が開業した。このように「磯分内」という地名は、地域全体を総称する地名となり、河川名の磯分内川のほか、公共施設、民間施設の呼称として使われる例が多いものの、字名等の行政地名には使われることはなかった。

日本に初めて到着し釧路鉄道を走った機関車「進善号」

磯分内《いそぶんない》市街地と製糖工場（上）

まちに活気、急速に発展

磯分内市街地は熊牛原野の中ほどにあって、北側は字熊牛原野16線まで、東側は釧網線まで、南側は北14線まで、西側は旧日本甜菜製糖㈱の用地を含めると釧路川までの区域である。

地域誌によると、昭和4年に釧網線「磯分内駅」が開業するまでは市街地の形成はなく、現在の市街地付近に2軒の住宅があった程度といわれている。開業当時の磯分内駅の記録によると「駅圏内の戸数は60戸、人口350人、耕地300町歩程で、出貨としては見るべきものがなく、一寒村にすぎなかった」という。その戸数は主に大正時代、農業を目的に上、下部落、現在の磯分内中央地域会に移住した人達を指したものであった。磯分内市街地の発達の経過は、昭和11年、北海道製糖㈱磯分内工場（後の日本甜菜製糖㈱）の操業を契機に急速に発展した。

磯分内に製糖工場が設置されるに至った時代背景には昭和2年、北海道庁の第2期拓殖計画が大きく起因している。その計画の農産部門において、農事、糖業、畜産奨励の三部門に分け、甜菜《てんさい》により地力の培養と輪作の経営法を企画し、有畜農法を奨めて農家経済の向上を図ることを目標とした。さらにこの計画に添って根釧原野の開発と寒地農業の確立を目指し、ビートの作付が奨励され、製糖工場の建設が急がれた。それによって北海道製糖㈱磯分内工場の建設が実現した。この当時を示す地域誌によると「昭和9年、北方の重大使命を帯び、他の有力な幾多の候補地をおしきって磯分内に製糖工場設置の報一たび伝はるや、市街は富みに活気を帯び、ついで続々送りこまれる諸材料機械類の山、製糖工場職員等数百名、これに伴い駅前より工場に至る商店街の進展ものすごく、料理店なども相当数開業されていた。かくして製糖工場敷地69町歩、総工費3百萬円を以て昭和11年11月に完成された。当時の市街地は戸数80戸、工場社宅150戸」と、その城下町ともいえる磯分内市街地が急速に発展した様子が記録されている。

磯分内の製糖工場

磯分内《いそぶんない》市街地と製糖工場（下）

日甜盛衰、まち発展に影響

日甜時代の磯分内地域全体を集落形成の視点で見た場合、日甜、市街地、部落それぞれの集落として形成されていた。この三つの組織は、昭和26年3月、磯分内地域に共通する課題、事業の展開を図るため「磯分内振興会」を組織した。この組織は各組織の代表格3人、運営委員8人、各地区代表委員11人の構成で、町との連携を図るほか「夏祭り」「運動会」等を地域の一体化事業として運営し、地域の活性化に尽力した。特に昭和45年の春、日甜磯分内工場が閉鎖されホクレンに譲渡された時期、結果は廃止のシナリオを崩すことは出来なかったが、地元振興会として毅然とした工場廃止反対運動を展開した。

市街地の自治組織の内容は、昭和30年を前後して街灯維持会、衛生組合、消防後援会等が組織されたことから始まった。昭和36年には、それらの組織を統合し、磯分内中央町内会を組織した。その後、市街地の人口が増加したため、昭和57年、若水町内会、日の出町内会、曙町内会に分割し積極的な活動を展開した。しかしその後、人口の減少に加え高齢化が進んだため、平成15年4月には、3町内会が統合し磯分内中央町内会を組織して現在に至っている。

日甜の人たちは会社員でありながら、磯分内の住人として確かな立場を確立し定着した生活を送っていた。それだけに日甜の盛衰は磯分内の発展に大きな影響力を持っており、経済的な影響は勿論、文化、生活あらゆる面で工場の閉鎖が与えた影響は大きいものがあった。昭和45年3月、日甜磯分内工場は第34期製糖を最後に操業を終了し、ホクレンに譲渡されたが、当時一般市民生活に密着した磯分内商店街は、鮮魚・精肉店7軒、米穀小売店1軒、日用食料品店5軒、和洋菓子店2軒、呉服店3軒、飲食店7軒、理髪・美容店4軒、映画館1軒、写真屋1軒、外に旅館、クリーニング店、家具・家電店、新聞店、建築業、鉄鋼所、板金・塗装店、運送店等々が営業されていた。

表1、2の人数・戸数と、商店街の状況を比較するとどんな評価になるだろうか。磯分内は田舎の街であることに違いはない。しかし、なんとなく田舎ではない雰囲気をもつ不思議な魅力を感じる街であった。

表1　廃止当時の社員

社員	156名
長期臨時雇用	41名
補助員	35名
クラブ、寮など	5名
看護婦	1名
季節労務者	251名
合計	489名

表2　磯分内地域の人口の推移

年度	戸数	人口
昭和10年	110戸	540人
〃 20年		
〃 29年	618戸	3,080人
〃 40年	598戸	2,455人
〃 50年	462戸	1,638人
〃 60年	412戸	1,381人
平成7年	354戸	1,073人
〃 17年	326戸	864人
〃 28年	269戸	

日本甜菜製糖㈱磯分内工場の終焉

収穫減少で一部の街、消滅

甜菜の栽培については、根釧特有の冷涼な気象が播種《はしゅ》の時期を遅らせ、生育期間を縮める原因となり、しかも栽培技術がまだ進歩していない時代であったため収穫量の減収は致命的であった。

昭和30年代後半からペーパーポットが普及し、ある程度の増収につながったが、十勝、網走方面の収量には程遠く、人手不足の農家には敬遠される作物の一つであった。このような状況が長く続き、磯分内工場の区域全体の耕作面積が減少し、後半には総収量が受入れ収量の30％を割込む状況に陥り、操業停止に陥った。昭和30年代前半の釧路管内の農業情勢は、寒地での安定した農業経営を目指し、酪農を基幹産業にする事を選択し、乳牛の増殖に伴う牧草地の確保が急務の状態になっていた。しかし、収穫後の甜菜の茎葉をはじめ副産物のビートパルプは、酪農発展の過渡期であった農家にとっては魅力的な作物であったことに違いはなかった。

甜菜という一つの作物の作付け不振で、磯分内市街地の一部の街が消えてしまった。当時の日甜磯分内工場敷地内の様子は、磯分内駅から市街地、社宅街をすぎ、さらに進むとその終点に守衛所、事務所、製糖及び酵母の工場、倉庫の主要施設に行き当たったものである。その中間にあった社宅街は、道路の北側に北社宅、南側に南社宅が配置され、木造平屋建ての社宅が整然と建ち並んでいた。きれいに刈られたカラ松の植え込みに囲まれた北社宅には、事務系社員用の1戸建社宅が占めていた。その区域内に所長宅をはじめ独身者用の「洗心寮」、食堂、生活協同組合の購買所、クラブ、北浴場、体育館、野球場などが備えられていた。南社宅は主に技術系の社員社宅で、木造平屋6戸の集合住宅であった。

この区域には正門の近くに遊園地、工場寄りに医局、製糖期間中の季節労務者用の「至誠寮」、建て直して「白樺寮」及び「親和寮」南浴場などが配置されていた。製糖工場は毎年、ビートの収穫期の11月ごろから操業を開始し、翌年2月下旬ごろまで、3交代、24時間フル操業であった。操業中は冬期間であったためか、真っ白な蒸気が工場全体を覆うように、夜はさながら不夜城の様相で、磯分内の冬の季節の風物詩となっていた。

貨物に満載した甜菜の積み卸し作業

雪印乳業㈱磯分内工場 建設の経過

候補地を綿密に調査し決定

国は特定の地域に酪農専業の地帯をつくり、牛乳の輸送及び乳業界の合理化を図り生乳市場の再編成を行うことを目的に、昭和29年6月「酪農振興法」を制定した。その結果釧路管内での集約酪農地域指定として、昭和30年度に浜中、厚岸の「厚岸地域」と鶴居、阿寒、釧路市、釧路村、昆布森村、音別、白糠の「釧路地域」が指定を受け、1年遅れの同31年度に弟子屈、標茶が「釧路内陸地域」として指定を受ける結果となった。さらに指定地域内に、制度として牛乳処理工場の設置が必要とされていた。この当時、標茶・弟子屈両町の牛乳生産量はおよそ4200トン余りで、大半の牛乳はクロバー乳業釧路工場において処理されていた。それまで牛乳処理に当たっていた釧路工場では敷地面積に余裕がなく工場増設が不可能な状態になっていた。さらに最初の集約酪農計画の最終年、昭和35年度には1万1000トン余りの牛乳の増産が見込まれ、制度もさることながら地域の生乳生産量において中心工場の建設計画が急がれた。そのため弟子屈、標茶で構成する「釧路内陸集約酪農地域建設協議会」で検討したが、自主的決定は困難と判断し、当時の釧路支庁に候補地選定を一任した。

釧路支庁では、まず調査団を編成し、各候補地の経済性を公平に参酌するため、両町の主要集落（標茶12地区・弟子屈5地区）から生産される5年後の集乳予定量及び工場までの距離を積算し「集乳費」として係数化し調査に臨んだ。

候補地として標茶町から民有地の標茶クーラーステーション、丸井牧場、旧種馬所跡、磯分内、町有地の竹田木工場跡の5ケ所、弟子屈町からは町有地の下鐺別《とうべつ》、農協所有地の旧集乳所跡、民有地の南弟子屈、鐺別の4ケ所が俎上《そじょう》に上った。結果、磯分内の現在地に決定し、昭和34年11月工場建設に着工、同35年7月31日完成。9月2日から脱脂粉乳専門工場としての製造を開始し、同36年からバター製造も開始した。それによって、釧路工場がチーズの専門工場に移行。中標津工場、釧路工場のバター部門も集約し、釧路内陸の生乳生産の処理にあたったと云う経過が今から50年程前、工場開設当時の乳業界の動きであった。

雪印乳業㈱磯分内工場

名水の里、磯分内《いそぶんない》

昭和45年度に製糖終了

磯分内地域の前史から見て、流動的であった人の流れが明治・大正時代から農業を志す人達がこの地に集落の形成をし始めた。昭和4年には釧網線の磯分内駅が開業。同10年2月、北海道製糖㈱取締会で磯分内に工場建設を決定し、9月から錢高組が工場建設に着手し、翌11年9月に完成。12月1日から第1期製糖を開始した。その後、この会社は昭和19年北海道興農工業㈱に、また同22年9月に日本甜菜製糖㈱に商号変更が行われ、この時期から親しみを込めて「日甜」と呼ばれるようになっていた。この工場は開設当初から原料ビートの確保が非常に難しい状況で、ついにこの課題は解決されず、昭和45年度に製糖を終了した後、ホクレンに工場を譲渡したが、その後再開されることはなかった。

昭和35年8月、雪印乳業㈱磯分内工場が釧路内陸の酪農を支える主要工場として設置され、現在に至っている。また、現在営業を終了しているが、平成元年6月にはホクレンによって、日甜時代の湧水を利用し「摩周の霧水」として売り出した時期があった。

平成5年7月には「ホクレン釧路クーラーステーション」が開設され、この地方の牛乳を釧路港から茨城県日立港に「ほくれん丸」で運ばれ、東京都を中心に関東、中部などの大消費地に、新鮮で品質の良い牛乳が送られている。

町外のファンも多い磯分内酪農センター敷地内の「カバのゲロ水」

その昔、製糖工場建設用地の選定の条件、また現在標茶町の代表的な生産物である牛乳の加工、中継基地として発展してきた一つの要因に、清涼で豊富な湧水源《ゆうすいげん》を有していたことに他ならない。その名残として、磯分内酪農センター前に小公園があって、子供達が「カバのゲロ水」と愛称している湧水がある。そのまま飲料で、お茶、コーヒーでぜひ一度試してみることをお勧めしたい。

この街の歴史を振り返ると、良質で豊富な水によって優良食料品を生産、加工する準工業地帯であり、銘水の里とも言える場所である。しかし皮肉なことに磯分内市街地及び市街地を挟んだ上・下の集落は、豊富な水に恵まれ、現在も上水道の施設が整備されていない。

戦前からの熊牛原野《くまうしげんや》

農業目的に移住者入地

熊牛原野の範囲は、南側は国道391号で瀬文平橋を渡り釧路川を越えた所から弟子屈町弟子屈原野32線まで、西側は釧路川まで、東側は弟子屈分はほとんど釧網線沿い、磯分内付近では市街地の東側一帯に見える丘陵地沿いの東1号までの区域である。

北海道庁は、明治19年から計画的に移民の入植を図るため、土地処分に関する法律を一新し、殖民地に相応しい北海道の各原野を選定し、移住に必要な事項を改めて調査した。

その結果を明治24年3月、『北海道殖民地撰定報文』にまとめ、移住候補地である各原野の状況を報告した。その内容をみると「熊牛原野」の名はなく「標茶弟子屈間原野」として分類され、原野の詳細が示された。また開拓使の時代以来、中断されていた土地の測量が明治23年頃から再開され、同28年には釧路内陸にもようやく測量の杭が打ち込まれることになった。

その内容を示す文書を紹介すると、発行の年度は不明であるが『統計総覧』の「区画地測設概況」によれば、明治28年「クマウス」約986ヘクタールを272区画に分割したと記録されている。それは、明治29年に発行された『釧路国川上郡熊牛原野区畫図』を指したもので、この時初めて「熊牛原野」という行政地名が表記された。この土地には、明治30年「北海道未開地処分法」に基づき、農業を目的とした移住者が入地し、事実上の字名として「熊牛原野」が誕生した。

明治36年6月、弟子屈村、屈斜路村が分村したため、熊牛原野はこの時以来弟子屈町と標茶町とに分割され現在に至っている。

この区域に関わるアイヌ語地名は標茶、弟子屈の境界線でウノンコッ川、山に挟まれた沢を流れる川と言う意味で、磯分内川の上手の小川、磯分内福島部落の中ほどを流れ出る川と言う。

またオタツニウシ川は、育成牧場多和団地を水源に瀬文平橋のすぐ下流で釧路川に合流している川。川尻に樺の木が群生している処と言う意味とのこと。

標茶で最初のサイロ（昭和16年）

戦後開拓と字熊牛原野《くまうしげんや》区画地の変遷

軍馬補充部用地を転用

明治41年、陸軍省が作成した要図と本来の「熊牛原野区画図」を比較すると、釧路川の西側全部と釧網線の東側に見える稜線沿い、熊牛原野東1号付近の東側の土地は、区画図から除外され、軍馬補充部川上支部の用地に包括されていた。そのため一般農家への処分地、熊牛原野区画地は狭められていた。現在の磯分内市街地及び、中央地域会の土地所有の広がりの範囲からも確認することができる。

昭和20年8月15日、太平洋戦争が収束した直後から、国は復員軍人、軍属、引揚者の帰農を予測し、軍馬補充部用地を素早く緊急開拓用地に転用した。その際、軍馬補充部用地多和牧区が、開拓地「多和地区」、磯分内牧区が「熊牛地区」として設定された。

土地処分の方法は、「川上郡熊牛原野区画図」（本書11Pに掲載）に復活させるように、既存の熊牛原野を増画して測量を進め、標茶町での西側は釧網線まで、東側は現在の町営牧場内にまで広がっている。またその奥、多和平に登る付近の平坦な土地の大半が字奥熊牛原野として設定され、昭和21年の早い時期から開拓者の入植が始まった。「熊牛地区」には福島県出身者を中心に福島、泉部落を形成した。ところが標茶町経由で入植したはずが、成功検査の間際に、地域そのものが弟子屈の区域であることが判明し、結果一波乱あって、昭和31年4月をもって標茶町に編入した。

また、美幌と云う部落は、太平洋戦争中、現在の美幌町に美幌航空隊第2飛行場の一部が完成したところで終戦になった。この飛行場は終戦と共に連合国軍の管理下に置かれ、空港の使用を不能にするために飛行場等の破壊工作が行われた。

そこで働く要員等で組織する「美幌進駐軍要員労働組合」では、撤収後の労働者の失業対策として、開拓地への入植者を募集し、それに応募した人達によって磯分内美幌開拓団として入植した。それが美幌部落の由来である。しかし計画通りに進まず、改めて入植手続きをし直すと言う、裏話のある開拓団である。

また、隣接する乙西部落は地域の中程を流れるオタツニウシ川からオ・ツ・ニ・シをとって部落名とし、上磯分内、東磯分内には東京都などで戦災にあった人達を中心に入植した。これらの集落は平成7年、川東地域振興会に再編し現在に至っている。

西《にし》熊《くま》牛《うし》原《げん》野《や》区画地

防風林に囲まれた戦後開拓地

この地域は磯分内市街地の西側、釧路川の向う側に見える一帯の丘陵地帯で、東側は釧路川、北側は主としてヌッパシュナイ、西側は西熊牛原野西5線を境に西熊牛原野区画外地、南側は字栄との境界にあたる防風林地に囲まれた戦後開拓地である。

この区域も前回の多和地区と同様に、熊牛原野区画図から除外されていた土地で明治41年以来、軍馬補充部用地として陸軍省が所有し、軍馬育成の放牧地「川上牧区」として利用していた土地である。戦後この区域は、戦後開拓地「西熊牛地区」の一部として開放され、行政地名、西熊牛原野区画地として売渡され、新しい集落小林部落が形成された。

この小林部落とは当初8人の軍人の集団で、太平洋戦争が収束する直前の昭和20年6月まで、千島ウルップ島警備隊「勲6035部隊」通称「大阪8連隊」に所属していた。この部隊の主力は、昭和20年6月、本土決戦部隊として網走に帰還し、2週間程滞在の後に宗谷方面へ移動、間もなく終戦を迎えた。終戦直後には、道内出身者をまず帰郷させ、残った本州出身者は、赤平茂尻炭鉱とその周辺警備のために、約360人が臨時憲兵隊として派遣され、滝川近く幌倉の假《かり》兵舎に移り、8月末に復員の命を受け解散となった部隊である。結果、この軍人等と海外引揚者、地元入植者64戸が合流し小林部落を形成した。

この部落名は、リーダー小林一男の性をとって呼称したものである。小林一男は昭和7年、ロサンゼルスオリンピックにおいて飛び板飛込6位入賞を果した異色の開拓者である。小林部落のその後は、年々集落が拡大したため、昭和29年に分割し、新たな集落、協盛、憩部落が形成され、小林部落は縮小した。その後離農する農家が増加し、各集落とも集落組織を維持することが難しくなったため平成7年、釧路川の西側一帯の開盛、憩、平和、平泉等の集落も含めて統合し「磯分内川西地域会」を構成し、現在に至っている。

この集落から女優「高橋（関根）恵子」が生まれ育ったことを付け加えておきたい。

馬橇《ばそり》にのって

釧路川右岸側の小集落
字西熊牛原野区画外地《にしくまうしげんや》

戦後開拓地として開放

「字西熊牛原野区画外地」は、前回の小林部落の西側に隣接する西熊牛原野区画外地である。この区域は、西側と北側はチョウマナイ川（蝦夷語地名で、チ「我々」オマン「行く」ナイ「川」）で字オソッベツに接し、南側厚生部落の字西標茶、東側が小林部落との境界、西熊牛原野西5線に囲まれた地域である。この地域も軍馬補充部用地川上牧区の一部の土地で、戦後開拓地「西熊牛地区」の一部として開放された区域である。入植者は東北からの出身者が多く、先に入植した人達が形成していた小林部落に加入していたが、昭和29年、協盛部落に再編された。その後離農する人達が増加し、隣接する、開盛、平泉部落と共に川西地域振興会に合流し現在に至っている。

「字ヌッパシュナイ」は川の地名らしく、『永田地名解』によると、ヌプ・パ・クシュ・ナイ、「野端ヲ流ル川」とある。このヌッパシュナイは、磯分内、中オソッベツ間を結ぶ町道沿い、憩部落の北側で、その区域の北側が弟子屈町に接し、西側は国有林、南側は釧路川の支流ルイラン川を挟んで字オソッベツに接する区域である。土地の処分は当初、大正11年、昭和6年、同8年の3年間に牧場利用を目的に、180町歩程の土地が、主として弟子屈町の人達に払い下げられた。しかし、戦後の農地改革「牧野買収」により、磯分内の農家41戸の共同採草放牧地として売り渡され、行政地名、字ヌッパシュナイとして現在に至っている。

「字プイラク」は、字ヌッパシュナイの北側で、弟子屈町と接した区域であった。この土地の処分経過を見ると、当時は熊牛村字プイラクニが1番地から11番地まで、弟子屈村字プイラクニが1番地から6番地までの17筆で構成され、大正12年から同13年にかけて売払が行われていた。この区域は町界が不明確な場所で、両町において長い期間協議を重ねてきたが、昭和60年2月、両町の地積調査によって町界に錯誤を発見し、町名の登記変更が行われ、標茶町字プイラクニは消滅した。

ルルラン51番地

アイヌ語地名で「坂を下る処」

アイヌ語地名で「ルルラン」とは「坂を下る処」「坂の降り口」という解釈で、茶安別から標茶市街に下りる坂の下に、アイヌ語地名に相応しいルルランが広がっていたものであったが、現在は標茶市街地区の南側に隣接した地域であることはすでに記述したとおりである。

しかし、ここに示した「ルルラン」は、磯分内・中御卒別間を結ぶ町道沿いの憩部落付近で、東側と北側は字ヌッパシュナイに隣接し、南側は字西熊牛区画外地に、西側は字オソッベツに囲まれた区域である。この土地は大正13年7月、韓国の人、宗秉峻（ソウ・ビョンジョン）と言う人に処分された土地で、通称「朝鮮牧場」として処分された土地であり、標茶市街地付近の「字ルルラン」から離れた個所に51番地、1筆だけが設定されたものである。

この土地が処分された当初は、174町歩程の土地であったが、その後所有者が変わり、昭和24年7月、戦後の農地改革によって内134町歩程の土地が未墾地買収になり、開拓財産に編入された。その後この土地は、開拓地「西標茶地区」の一部として開墾建設事業が進み「字オソッベツ」という行政地名で売り渡された。そこに入植した開拓者は憩、開盛、平和部落を形成したが、平成7年、川西地域振興会に再編され現在に至っている。

宗家の農場、通称「朝鮮牧場」は、オソッベツ川とチョウマナイ川に囲まれた、およそ17

00㌶程の土地を所有しており、その増地として処分を受けたものである。

この宗秉峻と云う人は「安政5年（1858年）下級官吏の家に生まれ、その後、波乱万丈の生涯を送ることになる。後半は、日韓併合の立役者として、親日活動の先頭に立ち、明治40年、李完用（リ・カンヨウ）内閣の農商工部大臣、内務大臣を歴任し、日韓合邦を実現するための請願書を提出する等売国活動を行った。その後、日本に渡り日韓併合のために売国外交をして全韓民の指弾を受けた。日韓併合後には、日本政府から子爵《ししゃく》の称号を与えられ、朝鮮総督府中枢院顧問となり、大正9年、伯爵《はくしゃく》に任じられた人で、韓国の運命を左右した最大級の政治家であった」と、札幌在韓人機関紙「アリラン」に書かれている。

磯分内《いそぶんない》の林業生産

大量の木材・木炭、全国へ

磯分内は農業地域である反面、戦前から戦後の一時期、大量の木材及び木炭を府県に送り込んだ集積地で、生産された木材は多岐にわたっていた。

昭和18年度の標茶村「村民税賦課額査定案」によると、当時の標茶村には12の木炭業者、11の木材業者が営業していたと言う記録がある。その当時磯分内には、中村飯場、標茶木下磯分内飯場が設置されていた。軍馬補充部では自然林の下草である、笹などを中心に放牧を行なうため、鬱蒼《うっそう》とした森林の除間伐《じょかんばつ》が必要で、これらの業者に支障木《ししょうぼく》の整理として立木《りゅうぼく》処分を行なっていたものである。

弟子屈の山本某《ぼう》は、磯分内駅前と現地(協盛部落)に事務所を設け、旧朝鮮牧場であった所有地から木炭を生産していた。また、戦後間もない昭和20年代には、開拓者が開墾作業を進めるために、まず立木を伐採し、材木用原木及び薪炭材として、また木炭に加工し、農業収入を補うために懸命に努力した時代であった。その当時もまた磯分内には多くの木材関係業者が営業していた。木材業者では、鍛冶木材、加納木材、湧別の大沢と言う人がハンノキ材を鉛筆材に加工した大沢鉛材、舟材等の特殊材を扱ったため「曲がり佐藤」と愛称された佐藤某、木炭業者では、山本、石黒、対島、鈴木、奥山製炭部、標茶開拓農協磯分内支所などであった。

地域誌によると、昭和30年代前半がピーク時と思われるが、磯分内駅扱いの出荷量は1俵8貫詰め（1貫約3・75キロ）月2万俵から3万俵、積込みの貨車は月80台から100台であった。それでも駅土場は常に5万俵程の滞貨の状態であったと言う。昭和31年、釧路管内の木炭生産量910万貫、内標茶町が550万貫の出荷で、管内の60％を占めていた。また前年30年度においては全道の木炭生産量2600万貫の20％程を標茶町から出荷したと北海道統計書に記録されていた。鉄道輸送の時代、この状態は磯分内駅に止まらず釧網線各駅の土場は常に木材、木炭が滞貨して、貨車待ちの状態が続いていたもので、近くの山々では常に炭を焼く煙がたなびく風景は、当時の農村の原風景であった。

木材の運搬風景

オソッベツ周辺

畑作、馬産を中心に集落形成

オソッベツと言う地名は、アイヌ語でオソッベツ川の状態を示したもので、識者の意見は「川尻に滝」と言う解釈と「平地」と言う解釈に分かれている。現在この川は何本もの支流を集め、下流ほど人工河川化して、旧五十石駅のほぼ真向いの辺りで釧路川に注いでいる。

この地域はまた、漢字で「御卒別」仮名で「オソベツ」とも言い「上オソ」「中オソ」などとも呼んでいる。オソッベツ川の上流から「オソッベツ」を字名に引用している箇所を整理すると「字奥オソッベツ原野区画地」「字上オソッベツ原野区画地」「字中オソッベツ原野区画地」「字オソッベツ」に区分されている。

さらにオソッベツ川が、釧路川の合流点附近で「字オソッベツ原野区画地」が南北にV字形に広がり、北側は釧路川の合流点付近の少し上流の北34線で南標茶地域及びルルランに接し、南側、釧路川の下流側の北18線でコッタロ原野に隣接する区域で、その大半の土地は、現在釧路湿原国立公園用地に帰属している。

この広大な区域内の集落組織の形成は、オソッベツ川の上流から奥オソッベツ、上オソッベツ、中御卒別、下御卒別、五十石周辺に集落が形成されている。

一番奥に当たる「奥オソッベツ原野」は、北側は35線を境に弟子屈町に接し、東側は弟子屈町最栄利別と一部国有林に、南側に上オソッベツ原野、西側を国有林に囲まれた区域であった。この区域は、昭和7年に区画測量が行われ、昭和12年から同19年にかけて未開地処分法によって、20戸の農家が移住し畑作、馬産を中心に集落を形成した地域である。

しかし、移住の当初から道路事情が劣悪であったため、学童の通学、農業資材の搬入、生産物の搬出は難しく、生活物資などの購入は主に弟子屈市街を利用していた。本村標茶市街地に出向いても日帰りは不可能で、生活の利便性を欠き、その不便さが住民運動となって、昭和32年1月1日、弟子屈町に編入した。編入した当時の状況は戸数12戸、人口73人、土地面積は1万9562平方キロメートルであった。

オソッベツに入植した人たち

上オソッベツ原野

「優良馬の生産地」名をはせ

「上オソッベツ原野」は、北側は弟子屈町字奥オソッベツ原野に隣接し、東側は国有林に、南側は中オソッベツ、西側はヌマオロ牧野組合有地に囲まれた区域である。

この区域には、大正9年から区画測量が行われ、この年から昭和19年までに未開地処分法によっておよそ190戸の移住者が入地し、上オソッベツ第1部落、第2部落、第3部落の三つの集落を形成した。この頃の農法は、全村同様に畑作、馬産を中心に家族労働力主体で、小規模な経営を営んでいた時代で、上オソッベツ地域も同様な状況にあった。

昭和6、7年に北海道全体が大冷害に見回れたが、道はその反省から釧根地方を主畜農業地帯として、牛、馬の飼育を奨励した。それによって原野放牧で飼育ができる馬産が一層盛んになった。しかし、個々の所有地が少なかったため「帝国牧場」とか「日の丸牧場」と称して、暗黙の了解で隣接する国有林に無断で年中放牧していた時代であった。

またこの時代、国は馬産振興のための「馬産限定地」の制度を大正5年に制定し、昭和6年3月、牧野法を改正し「牧野改良奨励規則」を制定した。標茶での馬産限定地の利用は、標茶全域に8箇所の牧場が利用されていた。上オソッベツでは昭和18年から馬産限定地、およそ2100ヘクタル程の貸付を受け、馬の飼育に努力が払われた。一般農家では、自家農業としての農耕、

馬産が盛んだったころの補助耕馬

運搬作業は必然で、副業としての造材、小運搬、また軍馬を目指した仔馬の生産を頂点に馬産の振興が図られた。特に馬の飼育には広い土地が必要であったため、上御卒別のような地域が、馬の飼育に適しており優良馬の生産地として名を馳せていた時代でもあった。

戦後馬産限定地の一部は、上御卒別牧野組合に牧場として譲渡され、現在、標茶町育成牧場上オソベツ団地（646ヘクタル）として、町内の基礎牛育成の拠点牧場として貢献している。この地域は、昭和58年度に、集落整備事業の最初の集落として、三つの部落会の統合と、部落内組織の再編成を実施し「上御卒別振興会」を発足させ現在に至っている。

中オソッベツ周辺（上）
字オソッベツ

二つの時期で大きく変化

「字オソッベツ」に関する土地の処分は、二つの時期で大きく変化している。まず最初の土地処分は大正時代、標茶市街から国道274号でオソッベツ川を越えた西側一帯の土地に、和歌山の人、平林甚輔外10人が農牧場を開いた。また、この牧場から下流域のオソッベツ原野までの間、現在の下オソッベツ付近に、弘中、藤田、五十嵐等が国有未開地を取得している。

同じ時代、平林農牧場の上流部、旧中御卒別小学校から上オソッベツ地域にかけて、北海道大学の教授だった大島と言う人が、大正10年2月に192ヘクタル程の土地の売り払いを受けたが、台湾農事試験場長に転勤することになり、同15年、この土地を神林某に譲渡した。しかし神林が譲渡手続きを怠っていたため、改めて取得の手続きを行ない、昭和2年12月に土地の売り払いを受けている。倉地と言う人は大正11年2月に142ヘクタルの土地を取得したが、この人は、大正2年から昭和19年まで貴族院議員を勤め、北炭の取締役であった人だと言う。

さらに神林と倉地所有地の間におよそ80ヘクタル程の土地が介在していたが、この土地は札幌在住の金子と言う人が大正9年5月に取得し、同14年7月に吉田と言う人に譲渡した。しかし、翌15年5月成功検査で売り払い取消になっている。これらの土地は、旧中御卒別小学校の北側で、オソッベツ川と、旧一般道々オソベツ標茶停車場線の間の土地で、売り払い当初の字名は「字オンネナイ・オソッベツ」と呼称していた土地であったが、大正10年8月「字オソッベツ」に字名が改正されている。さらに、オソッベツ川からチョンマナイ川までの土地、およそ1700ヘクタルを大正11年1月、東京在住の木村田と言う人他8名が取得し、その年11月、韓国の人、宋秉峻が譲り受け朝鮮牧場を開設した。

朝鮮牧場のその後については、磯分内周辺の「ルルラン51番地」（本書96P）に記載の通りである。大正時代の一時期、短い期間ではあったが、この地域に大地積を所有した地主が集中したのには、どんな経緯があったのだろうか。

中オソッベツ地区一帯に広がる平林農場

中オソッベツ周辺（下）
平林農牧場

体験者として地域貢献の先駆者

平林農牧場を開いた平林と言う人は、和歌山県出身で、大阪で綿布問屋を経営していた人と言われている。また平林は、北海道でも浦幌炭鉱、雄別炭鉱にも関係し、南方方面にも進出して貿易業を営むなど、多方面で活動した事業家でもあった。それが当時、軍馬補充部支部長だった人から、この辺の土地の状況を聞いたのが農牧場用地を取得する動機になったらしい。

平林は土地取得の手続きを進めながら、大正2年には本人自ら来標し現地調査を実施した。その翌年には初代の管理人、会計係、農場係に当たる職員等を現地に送り込み、前年、既に大阪から大工、木挽《こびき》を呼び、施設建設に当たらせていたが、冬季間で準備が整わず、取りあえず急造の笹小屋に入り、人夫は青森県から30人、大和十津川から10数人が参加し、住宅や合宿所も完成させた。その後この人たちの家族も入地して、事務所を中心にオソッベツ地域最初の小集落が形成された。大正9年には使用人の子弟教育のため平林農牧場教育所（後に標小教授場）も開校させていた。

この農場は、将来の大規模農場を目指し、農事部、畜産部、林業部を組織し、1761㌶程の土地を利用し、農事部は畜力による農機具を利用し、馬鈴薯、蕎麦、燕麦、菜種、大豆の他水田も試作した。畜産部は馬産、養豚を事業化し、林業部は木材を伐採し釧路へ流送するほか、木炭生産、椎茸栽培などを試みた。

　結果は平林の大阪での失敗から昭和9年、この土地は人手に渡り経営は破綻した。この農場が経営していた期間およそ20年間に、オソッベツ川上流部の上オソ、奥オソに移住者が入地した時期で、この移住者の大半は、途中のこの農場に立寄り、宿泊し、農業に関する情報などを聞かされていた。どの地域誌を見ても、この農牧場の恩義に感謝し、誰一人悪口を書いた人はなく、ある意味この地域の体験者として地域貢献を果たした先駆者であったようである。

地域の子弟が多く通った教育所

オソベツ原野

2140㌶619区画、集落形成緩やかに

「字オソベツ原野」は、明治28年に測量が行われ、およそ2140㌶の土地を619区画に分割し、その結果を「オソッベツ原野区画図」として作成した。この区画図を確かめると、下流側18線から34線までの間で、オソッベツ川、釧路川の下流域のほとんどが測量杭の入らない未測区画地で、上流部の一部で測量が行われたことが判明している。

土地処分の経過を見ると、南標茶側に北海道農事試験場用地を予定したほか、明治30年から昭和21年までに130戸余りに土地の貸付が行われた。しかし五十石、下オソベツ付近に小集落が形成されただけで、現在この区域の大半は、釧路湿原国立公園用地の上流部に位置付けられ、農業用地として利用されることはなかった。

以上のように、オソベツ地域に関する土地処分及び集落形成の状況について整理してきたが、結局、この地域全体の集落形成の順序は、大正2年、字オソッベツに平林農牧場が開設し、同9年から移住の始まった上オソッベツがそれに続き、次いで同6年頃から、五十石、下オソッベツ付近に小集落の形成がみられた。

昭和初期には、この区域の東側沿いに釧網線が開通、五十石駅が開業して駅周辺に鉄道の関係者を始め、戦前戦中、戦後の一時代、木材、木炭の集積が盛んだった頃、その関係者、商社

が出張所及び事務所を開設して駅前集落としてのにぎわいを見せていた。

さらに旧中御卒別小学校用地付近からちょっと西側の国道274号沿いの両側に「字中オソベツ原野区画地」が所在し、その区画地付近に「字中オソベツ原野」が所在していた。この二つの区域には昭和10年から同21年にかけて、30戸程の農家が移住し、この人たちによって初期の中御卒別部落が形成されていた。同12年には奥オソッベツ原野の集落の形成が進み、戦前のオソッベツ地域全体の土地処分、集落形成の結果をみた。

戦後は、大地積所有者等の土地などを対象に農地改革が進み、国有未開地の未処分地等を合わせた土地に、開墾建設事業によって多くの戦後開拓者を受け入れて、2度目の土地処分によって、オソッベツ地域全体の集落形成が新たな展開を迎えた。

五十石《ごじっこく》駅付近の諸相

原木、薪、木炭など集荷盛ん

平成29年3月3日、釧網線五十石駅は、別れを惜しむ多くの鉄道ファンや町民が駆け付け、最後の列車が見送られ、90年間の業務を終了した。この五十石の地名は、佐野家の硫黄運搬で、五十石船の積替地であったことに由来すると言うのが一般的な理解である。しかし、古くからの川船の記録によると「シペチャからおよそ8キロ地点の「ケウニ」と言うところで、釧路行きの船に乗り換えた」と、本書63Pに記載、福井芳麿著『蝦夷の島踏』の行程の続きとして記録されている。また松浦武四郎著『久摺日誌』に、シペチャを出ると「急流矢よりも早し」と言う記録、集治監による釧路川浚渫《しゅんせつ》の記録、洪水などで標茶まで川船が遡上出来なかったことなどから、この辺が釧路川の蛇行の加減で流れが変わった場所ではないかとも思われる。

また、古老の話によると、五十石と言う地名は、釧網線五十石駅が開業後のことで、それ以前、この辺一帯は「二つ山」という地名で呼んでいたと言う。この二つ山と呼ばれた場所は、国道391号で五十石駅から2キロほど塘路寄り、右側が釧網線に一番近づき、線路と道路の狭い場所にちょっと小高い場所がある。そこが「二つ山チャシ跡」で、その前を通り、上りながら少し左に曲がる場所がある。上りにかかった左側の辺りに「二つ山駅逓所」が、明治43年12月に開業した。西岡と言う人が取扱人に就任し、旅人宿として宿泊、昼食、乗馬の乗継、荷物の駄送などの便宜を図っていた。この駅逓所は釧網線が全線開通する前年の昭和5年6月、オソッベツ原野の移住者の一人、相原家の時代に廃止した。

「オソッベツ原野」の東側沿いの一角に、五十石駅の開駅が近づくと、釧路山下製炭所、丹羽、岩本、乃木、斉藤などの製炭業者が続々出張所を開設し、国際通運株式会社取扱店五十石運送社などの運送店、相原、岡本、原田、飯島等の日用雑貨店が開店し、鉄道官舎を含めると30戸ほどの集落になっていたと言う。駅周辺には木炭倉庫などが建てられ、木材の原木、薪、木炭等の集荷が盛んであった。旧五十石駅になってしまった駅舎跡に立ってみると「兵達の夢の跡」を実感する。

旧五十石駅前の様子

植田家の酪農

〝世界一〟の血統を引く乳牛

植田織広と言う人は、昭和9年、香川県から大規模酪農経営を目指し、四国で初めての高等登録牛デコール・ジョウハナヒッチンガー号の外に、5頭の牝牛を連れて五十石に移住した人である。この牛は妊娠したままカナダから輸入された牛であるが、夫牛のストラスモア・テキスコバマッキンレー号は、カナダ・アルバータ州ストラスモア市のシービーアール・デモンストレーション農場から生産され、乳牛として世界一の能力を持ち、かつ世界最高価格10万6千ドルで売却された「メイエコールビア号」の血統を引く由緒ある乳牛であった。

デコール・ジョウハナヒッチンガー号は、1産目の子を「四国、弦打村《つるうち》」で生むが、乳牛としての実力が、昭和9年4月20日付の『香川新報』に、「一ケ月の乳量なんと5石」「弦打村植田氏の乳牛、四国一だと県種畜場で語る」という見出しで報道されている。

記事の内容は、「中央畜産会が1カ月間の乳量検定試験を実施した処、乳量は5石（約900キログラム、年間概算11トン）含有脂肪4％、1位の好成績を獲得したので、中央畜産会では高等登録牛として登録した」とある。当時の一般的な牛の乳量は年間2〜3トンの時代であっただけに大変な実力の牛であったことに違いはない。

植田家は移住の当初、輸入牛をはじめ6頭の牛を下オツベツの中村牧場で飼育管理しながら、五十石周辺の強湿地を牧草地に改良するため、当時の釧路中学校生徒等の労力奉仕などもあったが、多額の費用を投入し自力で排水工事を行い、牧草畑の造成を図ってきた。

　マッキンレー・カーヒッチンガーデコール号はデコール・ジョウハナヒッチンガー号の二産目の子として、下オソッベツで生れ、その後、種牛として登録され、標茶各地の乳牛改良に貢献した牛である。この事例は、植田家だけの歴史ではなく、酪農の町を自負する標茶町の酪農の歴史として、後世に伝えるべき事例である。

マッキンレー・カーヒッチンガーデコール号

オソッベツの戦後開拓

時代に即応した地域模索

オソッベツ地域2度目の土地処分は、戦後開拓事業として実施された。旧中御卒別小学校付近に、東西に防風林用地が設定され、それを境に、南側の旧平林農場跡地を戦後開拓地「中オソベツ地区」、北側の大地積所有者の大島、倉知等の土地と国有未開地の未処分地及び、オソベツ川左岸の旧朝鮮牧場の用地が、開拓地「西標茶地区」と、一部「上オソベツ地区」として土地の処分が行なわれ、行政地名「字オソッベツ」として土地処分が行なわれている。

旧朝鮮牧場側の土地のオソベツ側に入植した40戸程の開拓者を含め、この地域全体で「中御卒別部落会」を結成した。この部落会は設立当初から時代に即応した地域のあり方を模索していたが、昭和58年、集落整備を実施し、集落内の既存組織と女性、青年組織も統合する組織改革を実施、併せて部落会を中御卒別振興会に変更した。

また振興会は、平成11年7月、町が進めていた1A・1P事業（一つ地域で一つの誇れる事業の推進）を取り入れ、中オソに住む住民自らの力と発想で実施可能な地域整備計画を策定した。この計画は、地域づくりのスローガンとして「明るく住みよい中御卒別地域づくり」を目指し、計画実現のための骨子として①酪農経営の安定向上②地域の自信と誇り③生活環境の整備など、27項目にわたって具体的な実施事業計画を設定した。

このような計画の背景には常に、中御卒別小学校を地域の核として考えていたようで、この計画の前、昭和63年、町の振興補助金で旧小学校舎を利用し古い農機具類などを展示する地域資料館を整備した。また翌平成元年には、小公園として遊具、駐車場を整備し炭窯を造成し、子供たちが地域の昔を体験出来る施設整備を行なっていた。

平成11年には、先の整備計画を更新する新たな「中御卒別資料館」を新築し、憩いの広場の整備も行ない、平成7年2月には瀟洒な小学校の校舎も新築された。しかし、平成25年3月、小学校は廃校した。現在この旧校舎は標茶町の酪農後継者の養成施設「標茶町農業研修センター」として活用されている。

現在は町の新規就農宿泊研修施設として活用する旧中御卒別小校舎

沼《ぬま》幌《ほろ》（上）

アイヌ語地名に多少の違い

沼幌地域は、標茶町のほぼ北西側に位置し、北から南に流れて釧路川に注ぐヌマオロ川沿、およそ20キロにも及ぶ細長い地域である。地域の北側は国有林に入り込み、東側は国有林及びオソッベツ地区に隣接し、南側は字コッタロ地区に、西側は字コッタロ及び字クチョロ地区に囲まれている。地形は、ヌマオロ川の川沿いに深い沢地が、下流の湿地帯にかけて細長く連続しているが、大半は緩やかな丘陵波状の台地を呈している。

沼幌縁のアイヌ語地名について、永田、豊島、山田の解説では表現に多少の違いはあるが、ヌマ・オロとは小川の名で、水湧、鹿毛アル処と言う意味とのこと。

沼幌地域の殖民地の選定について、度々出てくる明治24年の道庁が発行した『北海道殖民地撰定報文』（以下、『撰定報文』とする）には、標茶に関する移住地は①川上郡「塘路原野」②「標茶ニマロブト間原野」③「標茶弟子屈間原野」④「シカルナイ原野」⑤「ヲンネベツ原野」⑥「シワン原野」⑦釧路郡「クチョロ原野」の7原野が示され「標茶『ニマロブト』間原野」の範囲を示す「地理」の項には次のように記述されている。「東北隅ハ標茶市街及ビ『オモンチャリ』川ヲ挾ミテ標茶原野ニ隣接シ、北西ハ連山ヲ以テ限リ、南東ハ釧路川沿岸『ニマロブト』ヲ以テ塘路原野ニ界ス是レヲ標茶『ニマロブト』間原野トス」とある。

この『撰定報文』の説明に河川名、山名に「スマロ」「ヌマロ」「ニマロ」と言う表記が多く、「ヌマオロ」と明確した記述はない。それで「スマロ」「ヌマロ」「ニマロ」は、『撰定報文』の内容や地理的条件から見て「ヌマオロ」を指したものと仮説し、報文に記載された移住地の一つ「標茶『ニマロブト』間原野」を「標茶・沼幌太間原野」即ち、「ヌマオロ原野」と読み替えて見た。以上の仮説と、明治28年3月初刷の『釧路国川上郡ヌマオロ殖民地区畫図』とが符号し、当初から標茶の移住候補地の一つであることが確認できた。

以上が沼幌の殖民地撰定の状況であるが、この地区は長い間、交通事情で苦労を重ねることになる。

沼幌神社の前に立つ地域住民ら

沼《ぬま》　幌《ほろ》（下）
ヌマオロ原野

渡部氏率いる福島団体入植

「ヌマオロ原野」に移住が始まったのは大正11年からのことで、福島県出身の渡部栄次と言う人を中心に17戸が上川郡東川村から再入植したのが最初で、その後、年々移住者が入地し、昭和19年までに197戸が移住し、当初から上沼幌、沼幌の二つの集落組織が形成された。

渡部等が移住した当時の事情を「地域誌」に次のように書いている。「大正11年5月、前年入植調査をした福島県出身の渡部栄次氏等は、永住の地を求めて沼幌に入地した。渡部氏は福島団体を率いて東川に移住、15年間そこで畑作・米・澱粉工場と力を注いだが失敗し、団体を再び率いて沼幌に入植した。売払地成功検査簿によると、殖民地計画に基いた政府の公示をみて、貸付出願、許可された者、11年、24戸、12年、20戸とあるが、許可された者すべてが入植、定着したとはいえない。あまりの不便さに驚き、ある者は立木の状況等が予想に反する為断念したであろうし、当局を款瞞《ぎまん》して立木だけを売却して引きあげる者もいたであろう。そのような中で準備と計画を整えてきた渡部氏等は後の堅実な入植者と共に、営々たる努力によって移住を確かなものにしたのである。…」と「福島団体」の移住当時の様子を記録している。移住者等は入植の直後から畑作、馬産を中心に有畜農業経営を目指し、大正時代後半には、一部の農家によって牛乳の生産が行われた。しかし、無電化で、道路事情など悪条件が重なり、牛乳の処理、出荷に苦労していた時期であった。このような移住者の農業経営の安定を図るため、昭和4年11月「有限責任沼幌信用購買販売組合」を標茶2番目の組合として設立した。

しかし、この頃の社会情勢は、昭和恐慌と言われる程の経済不況で、農村においてもその影響は深刻で、不況と冷害凶作が続く厳しい情勢にあったため、組合運営は最初から不調であった。組合の区域は沼幌、オソッベツの範囲であったが、組合員数は区域内農家の2割ほどの49戸程度であった。また、職員がいなかったため、日常の事務処理にも事欠く有様で、結局この状況は改善されず、昭和11年7月、やむなく解散した。その後、沼幌の農家の大半は標茶市街地周辺の農家等で組織した標茶3番目の産業組合に加入した。

脱穀作業にいそしむ人たち

沼《ぬま》幌《ほろ》
団長さんの稲作

各方面から入植希望者増加

沼幌の篤《とく》農家、渡部栄次と言う人は福島県出身の人で「団長さん」と愛称されていた人であった。たまたま、入植した土地には湿地が多く湧水もあったため、その地形を利用して稲作を試みた。渡部は沼幌に入植する以前、郷里での稲作の経験の外に、上川郡東川町で北海道の稲作も経験して、稲作は本格的であった。渡部は移住の翌年から「チンコ早生種」を求めて直播し、2、3反程を耕作した。結果は反収1石5斗約4俵の収穫をあげ、これに自信を得て潅漑や土地の改良に努め、連年反別を増加し3俵半程度の成績で、大正13年には反収5俵の好成績を得た。

このようにして稲作が本格化し、昭和20年には反収《たんしゅう》6俵を収穫、全道の水準に到達した年もあった。しかし、平均的に4年に一回は凶作で、収穫皆無の年もあったが、稲作に対する執念を捨てず、昭和30年、渡部栄次が他界するまでこの耕作は続けていた。当時、熊牛村での水田は珍しく、学校児童の見学や外来の視察者も絶えなかったという。

また同地域内で米を試作し豊作であったことが「釧路地方に米育成」と新聞に大きくが報じられたためか、各方面から入植希望者が増加したと言う。さらに、その前後の経緯は不明であるが、隣接する上沼幌でも戦時中「裏の水田で米3俵をとった」と、地域誌に記述されている。

ついでに釧路管内の稲作に触れて各市町村史を集計すると、昭和4年にはおよそ157ヘクタールとピークに達し、昭和20年代には20ヘクタール前後の作付けで推移していた。一番最後の稲作は、当時、阿寒町の加地と言う人が、減反政策によって止むなく管内最後の米作を終えたらしい。

いずれにしても「自分で食べる米は、自分で作る」という、農民の意地と誇りとして至極当然と考え実行したものであった。釧路農業を語る上で、この稲作をはじめ、今では見ることもなくなったたくさんの作物が作付けされていた。一見無駄であったように見えるが、農民の心情は〃目指作物一作一作〃を確認しながら前進したもので、その結果が現在の酪農専業経営にたどり着く、いわば一里塚であったといえるのである。無駄であった作付けは一つも無い。むしろ稲作は別としても、畑作技術まで無くすることになれば、その方が禍根になりそうだ。

渡部栄次氏

久著呂《くちょろ》の地名考

「狩小屋・の所の川」など諸説

久著呂地域は、標茶町の最も西側に位置する地域で、北から南に流れるクチョロ川を境に鶴居村と接し、北側は国有林に、東側及び南側は、字沼幌原野及び字コッタロ、コッタロ原野に接する区域である。

久著呂という地名はアイヌ語地名であるが、諸説あって難しい。NHK北海道本部編『北海道地名誌』には、クチャ・オロ・ベッ（狩小屋・の所の川）と思われるとある。更科源蔵は、釧路川の川口の近くに小さな沼があり、その沼の水の出口をクッチャロといった。また山田秀三著『アイヌ語地名の研究』（以下、『山田地名解』とする）によると、鶴居村の八重九郎翁は「この川の奥のシクチョロ（久著呂川本流の意）にクッコロカムイ（崖にいた大きな鳥・岩・崖の神）が棲んでいた。その岩崖からクチョロの名がついた」と言い、『鶴居村史』も同様に解説している。この久著呂川の水源は、弟子屈町から阿寒湖に抜ける国道241号、通称「横断道路」で双湖台を通過するが、その双湖台の南側の斜面を4キロ程下った辺りの国有林から湧き出ている。

標茶町は昭和37年6月、奥久著呂の町道の終点から、横断道路の双湖台までの道路を開設するべく各関係機関に陳情を行っていた。その陳情書の書き出しは「町道終点から双湖台附近の国道までおよそ12㌔程の距離であり、この附近は針広葉樹林帯を形成し、久著呂川上流には高さ10数㍍の滝が数個所、また、標高800㍍程の丘陵が点在し、眺望は極めて雄大である」という説明から始まっている。この陳情書が示した風景は、まさにクッコロカムイが棲んでいそうな場所を想像することができるのである。

鶴居村と標茶町の境界を流れる久著呂川は、釧路湿原の中ほどを流れ、戦前まではツルハシナイ川を合わせて雪裡川に合流し、釧路川に注いでいた。しかし現在は、湿原の中程で人工河川となり、釧路市上水道取水口の向い側付近で釧路川に合流している。その延長はおよそ40㌔に及ぶものである。

ちょっと別な話題として、昭和6年に開局した久著路郵便局は取扱所の時代から、久著「路」の字が使われ、地域名の久著呂にするべく何度か手続きを行なった。そのこともあってか、平成26年9月、簡易郵便局に変わる際、地域名と同様の久著「呂」局に変更することが出来た。

久著呂の郵便局前の写真。看板に「路」の表記を確認できる

久著呂《くちょろ》地域の土地処分

660戸の移住民が入地

久著呂地域は、クチョロ川を境に、阿寒郡舌辛村（鶴居村）と川上郡と熊牛村（標茶町）に分かれており、土地処理を担当する旧釧路支庁でも町村別に分別するのが一般的であるはずが「久著呂原野」の移住者の入地記録ともいうべき『区画地索引簿』の表紙には『阿寒郡川上郡クチョロ原野区畫地索引簿』とあって、クチョロ川流域全体を一括し、市町村別に区分した記載はしなかった。旧支庁も開拓の当初からクチョロ川を越えた土地の処分は、常に形状を変え、蛇行の多い川の状況を考慮してか、それ程こだわった見方はしていなかったようである。そこに住む住民等もまた行政区を越えた付き合い方であったらしい。

クチョロ原野の開拓が始まった明治24年当時は、最寄りの拠点地域から遠距離の地にあって、殖民地としては不利な一面を持つ移住候補地であったといえよう。明治28年に実施したこの地区最初の測量の経過を見ると「阿寒郡クチョロブト、2591町歩余、615区画」「阿寒郡クチョロ、3578町余、849区画」と言う内容で、殖民地区畫図の確認では、同28年3月初刷の『釧路国川上郡塘路コッタロ原野区畫図』と、同29年3月初刷の『釧路国川上郡クチョロ原野区畫図』との2種類の図面によって構成され、その後移住者の増加に連れて年々増画が行われた。

このクチョロ原野の移住者は、明治35年、福井県の青山奥左衛門ら16戸、大正4年、田村佐蔵を団長とする徳島団体83戸が下久著呂に移住し、さらにこの年、中久著呂付近に名賀覚左衛門ら28戸が移住した。旧釧路支庁の『区画地索引簿』によれば、これら団体移住者を含め、現在の鶴居村、標茶町に明治時代から昭和21年までに、未開地処分法によっておよそ660戸に及ぶ移住者が入地したことが記録されている。その内の一人青山という人は、文久2年（1862年）、福井県に生まれ、明治23年20歳の時に広島村に渡り、その後、島松村、十勝下利別と転住、同37年、釧路赤壁支庁長に懇願され、現在の鶴居村下久著呂に移住し結局破綻した。移住先の各地に神社学校等を残し、地域の振興に貢献した。この人の人生観等『北海道開拓秘録』が詳しい。

久著呂に移住した徳島団体

久著呂《くちょろ》・コッタロ地区の交通事情

交通手段確保、重要課題に

この地域は隣接するコッタロも含めて、移住計画の当初から不便な場所であることが明確に示されていた。それは明治24年の『撰定報文』の「運輸」の項の説明である。面倒でもぜひ一読願いたい。「「クチョロ」及「チユワツナイ」川ハ、幅僅《ワズカ》ニ三四間且流木ノ爲メニ舟楫《シュウシュウ》ヲ通スル能ハス、故ニ釧路ヨリ此地ニ至ラントスルモ近傍湿地ノ為メニ遮ラレ鳥取村ヲ経テ雪裡原野ヲ迂回シ、里程十二里ニシテ此地ニ達スルノ不便アレハ、未タ曾テ人跡ノ及ハサル所ナリ、然レトモ将来道路開ケ川上郡ノ標茶ト阿寒地方ノ各原野ト聯絡《レンラク》スルニ至ラスハ本野ハ中間ニ位スルヲ以テ、移民地トナスモ輸送ノ不便ナカルベシ、当時原野ノ北端雪裡熊牛間ノ山道アルモ古来土人ノ通路ニ過キスシテ頗《ハ》ル嶮岨《ケンソ》ナリ」と。

そのためどの時代の住民も、生活を確保し産業の振興を図るため、まず、交通手段を確保することが最重要な地域課題になっていた。交通手段確保運動として、釧網線が建設される大正時代、現在の釧路町、阿寒町、鶴居村の有志等と合同して、釧網線釧路川右岸敷設を請願したのも切実な願いからのことであった。

さらに、昭和2年「釧網線」の一部が開通したことによって、主な交通手段であった、釧路川を利用した川船が廃止になり、その直後、道路確保のための住民運動が展開されている。それは、交通路確保のため地域住民31余名が、熊牛村役場を通じ土木現業所に対して久著呂塘路間の道路の開鑿《かいさく》を陳情した。まったく同じ時期、別の地域住民等105名の連署をもって、拓殖軌道敷設請願書が支庁長並びに北海道長官に提出された。この「自動車道路説」と「軌道説」は、久著呂原野開発の交通上の隘路《あいろ》を打開するという点では一致している。

しかし、同時に2様の意見が生じたことは、その底流に関係町村間の確執があったのではと言われていたようだ。明治、大正昭和中期まで久著呂附近の開拓の重要課題は、一に交通路の整備にかかっていた。その表れとして後年、昭和26年度と同35年度の2回にわたり、隣接する鶴居村に分村移転を請願したという事実もあった。

道路開拓の様子

殖民軌道久《く》著《ちょ》呂《ろ》線

交通ようやく明るい兆し

殖民軌道久著呂線について北海道庁は、昭和3年に路線の選定を行い、同年12月には測量を終わらせ、同4年に着工した。路線は塘路駅を基点に、釧路川旧渡船場付近に軌道橋を架橋し、湿原内の塘路原野を横切り、通称コッタロ湿原背後の山裾を鶴居村下久著呂に抜け、大きく右折し、町村境なりに妙見台を通り、中久著呂市街地に至る20・5キロほどの軌道で、馬を利用した「馬鉄」とか「馬力線」と呼んで、昭和5年8月に営業を開始した。その後施設整備が進み、貨車50両、塘路、妙見台、中久著呂駅に倉庫が建てられ、昭和8年には第2期工事として、中久著呂市街から上久著呂まで8・2キロの延長工事も完成した。これによって久著呂地区から生産された木材、木炭、農産物をはじめ、食料、生活物資、郵便物、旅客等、住民生活に必要な物資が運ばれるようになった。これは前回記述した、住民による陳情に道庁が答えたもので、長年「陸の孤島」と言われた久著呂にも交通上ようやく明るい兆しが見えてきた。

運営、利用については「軌道運行組合」が組織され、組合員が台車を使って木材、木炭などを随時運搬する「荷トロ」、木材は台車1台当たり7石まで、木炭は1台40俵で共に2台まで連結できた。また10人ほど乗ることが出来る客車「客トロ」は定期便で午前と午後の2回運行されていた。利用についての資料を欠いているので時系列に説明する事は出来ないが、北海道庁は、昭和15年度の全道22路線の「殖民軌道馬鉄線使用成績表」を公表した。この時の久著呂線の運営状況は、延長粁程28・878メートル、運行期間4月1日から1月30日まで305日間、輸送貨物屯数5・927トン、1日平均屯数19・4トン、乗客数6341人、1日平均人数20・8人という内容であった。

しかし、軌道総延長の約半分14・15キロほどに及ぶ釧路湿原の大湿地の横断は、降雨時の河川氾濫等によって路盤が弛み、運休を余儀なくされたことは度々で、軌道の運営管理に当った運行組合は苦労の連続であった。昭和40年代に入ると、久著呂周辺道路の改良も明らかになり、この軌道は、同40年7月ついにその役目を終え廃線した。

馬を使った殖民軌道

久著呂《くちょろ》・コッタロ地域の農業

昭和初期に水田耕作も

久著呂地域の畑作物について「地域誌」に次のような記述がある。「作物は、馬鈴薯、稲きび、菜豆類、大豆、小豆、燕麦、蕎麦、玉蜀黍《とうもろこし》、南瓜などが、普通の時付《まきつけ》でした。地下の凍結もひどかったので、作付は早い年で4月下旬、普通の年なら5月上旬でした。札幌祭の6月15日までには全ての作物の作付けを終わる目安をつけていたので、なかなか忙しい物でした。急ぐ作付が終わると、秋蕎麦時です。蕎麦は浅起しでもよい収量があるので、畑を広げていくのには都合のよい作物で、どこの家でも沢山作った作物でした。収穫した蕎麦は、手打ち蕎麦、蕎麦団子、蕎麦練り等にして、どの家でも常食のように食べたものです。また、戦時中は、燕麦、麦、でん粉、豆類等を強制的に割当て出荷されたものです。当時は自分の作った物で自給自足が中心であったが、収入の道としては、年々の開墾助成金と、農閑期になると造材人夫や、木炭焼きの仕事で生活をしました」。

ここに書かれている状況は昭和40年ごろまで、全町どの地域も同様の農業経営の状況で、小頭数の牛馬を飼育し安定した酪農経営を夢見ながら自給自足をしていた助走の時代であった。

また、久著呂には、国営種付所が上、下久著呂の2カ所、個人所有10カ所というから相当数の馬が、馬産限定地1600㌶程を利用するなどして飼育されていた。

昭和7、8年ごろから一部の農家が乳牛を飼い始めていたが、同12年1月、久著呂地域の大半の農家が阿歴内産業組合に加入し、同13年には中久著呂に共同集乳所を建設した。大規模化した今日の酪農経営の時代から見れば、当時は1戸当たり1、2頭と小規模でしかなかったが、今に思えばそれを契機に、酪農発展の兆しとなったことに他ならない。

「久著呂北野宗之助水田の実況、昭和3年6月」という、説明する必要がない程、迫力の一枚の記録写真が残されている、しかし、北野農場の水田耕作の前後の経過を含めて、久著呂の稲作について、この写真以外に説明する記録はまったくない。

北野農場の水田耕作の様子が分かる記録写真

コッタロの地名と土地処分

大部分が国有地に帰属

コッタロの地名は、アイヌ語で川の形状に由来しているらしい。『山田地名解』によると、釧路に多い難解の川名の一つで、コツ・タロ（沢の・低地）といい、単なる語呂合わせであるとのこと。また松浦武四郎は「小川有、その上に少しの水の湧く処有る也。同行のタンカクレの申すには、この処の名コンタル、小樽の訛りと云い。またトウロのケンルカウスは、コツは川の形、凹地、沢、其の上に小さき樽程の小湧壺有」という。

コッタロを呼称する行政地名の土地は「字クチョロ原野」と「字ヌマオロ原野」に挟まれた団地の「字コッタロ」（以下山側の土地）と、釧路湿原の中程「字オソッベ原野」と「字塘路原野」の間にある「字コッタロ原野」（以下湿原側の土地）の二つに分かれている。

「字コッタロ」の土地処分の経過を見ると、山側の土地は、久著呂川の中流域にあって、地域内を流れるコッタロ川流域に分布する土地で、畑の用地、放牧地予定地およそ1700㌶程を主として大正4年に移住したクチョロ原野の徳島団体をはじめ、同11年、ヌマオロ原野に移住した福島団体の人達の増地及び放牧地として処分された土地である。

戦後は「字コッタロ」「字コッタロ原野」の未処分地を一括し、開拓財産に編入。「字コッタロ原野」として処分を行い、憩の家周辺に点在した字コッタロ原野区画地についても字コッタロ原野として処分され、山側、湿原側の開拓地に14戸の開拓者が入植した。

「字コッタロ原野」は、北側は「字オソッベツ原野」、南側は「字塘路原野」に挟まれた、茅沼駅から「憩の家」付近と釧路湿原を含め、西側に見える丘陵部までの低湿地帯がその土地の大半である。またその一部はシラルトロ湖北側の丘陵地沿いの国道391号を越えた付近にまで広がっている。明治28年に実施したコッタロ原野の測量は、およそ1800町歩余の土地を422区画に分割したもので、同29年3月初刷の『釧路国川上郡塘路コッタロ原野区画図』によって確認することが出来る。

土地処分の経過を見ると、明治31年から昭和10年までに30戸が土地処分を受けたが、同34年に釧路の千葉達平という人が、湿原内500町歩程の土地で、馬を飼育したものの、結局明治時代の移住者は総て短期間で離農した。原野区画地の大部分は未開地のまま国有地に帰属し、釧路湿原国立公園のエリアに組み込まれ現在に至っている。

現在の「憩の家」に通じる「一般道々シラルトロ湖線」付近の土地と、国道391号沿いに野菜生産農家が経営を続けているにとどまった。

町民に還元する温泉施設

町の独自事業で建設

「くしろ湿原パーク憩の家かや沼」、通称「憩の家」は昭和53年10月、字コッタロ原野の一角にオープンした。標茶町は観光の振興を図るため、昭和47年頃から国民宿舎の誘致運動を開始した。しかし、建設費が膨大であったために撤退。この時、温泉があれば誘致活動には有利という感触を得、それを契機に温泉掘削に取り掛かり、昭和50年12月、温泉の湧出に成功した。

次の誘致活動として、郵政省「簡易保険保養センター」の誘致を進めたが、希望多数で撤退。昭和51年から、労働省の「勤労者いこいの村」の誘致は、釧路地方総合開発促進期成会の事業にまで組み込まれ陳情活動を展開。次は標茶と噂されていたが、直前で制度が廃止されてしまった。

このように、大型宿泊施設誘致に全力を上げていたが、一方では折角湧出した温泉が利用されない状態を憂慮し、今後も誘致活動を進めながら、町民に還元する意味を込めて、町自ら温泉活用を決断する時期になり、さまざまな議論の結果、町の独自事業として実施することを決定した。

建設の目的として、当時の世相を踏まえ①公共的施設誘致の呼び水とする②景気の渋滞を少しでも解消するため、雇用の促進、地場産業の育成等、地域経済に刺激を与える③都市住民に豊かな自然環境を提供する―というものであった。

経営は標茶町観光開発公社に業務を委託し、標茶町の第三セクターとして運営が図られた。その後、町民をはじめ多くの釧路市民に利用され、経営は比較的順調に推移していたが、国立公園内唯一の宿泊施設として、以前から民間に委譲し、その活力に委ねるべきであるということも話題になっていた。

釧路湿原国立公園の指定も背景にあって、平成元年から同3年にかけて、売却が具体化した時期もあった。しかし議会、公社、商工会、その他諸会議において意見が錯綜し、結局、町外への譲渡は打ち切り、平成4年、株式会社標茶町観光開発公社に、施設の所有権及び経営権を譲渡した。その後、平成11年7月再び標茶町に施設の所有権が譲渡された。

（平成31年3月より休業）

くしろ湿原パーク「憩の家かや沼」

シラルトロエトロ付近

移住希望者に土地処分

「字シラルトロエトロ」は、シラルトロ沼に注ぐシラルトロエトロ川の状況を表したアイヌ語地名で、『永田地名解』では「岩磯ノ間ヲ流ル小川」、豊島三右衛門著『豊島地名解』もほぼ同様に説明している。

この場所は国道391号で標茶から塘路に向かい、五十石を過ぎた辺りから左側に見える山林地帯で、「五十石駅付近の諸相」（本書110P）に記述した「二つ山」の辺りからは国道の両側の土地。「憩の家」の進入口を過ぎ「シラルトロ橋」までの奥側は、国有林までの一帯の土地である。

土地処分の経過は、明治41年、釧勝木材軸木KKが最初で、大正10年から昭和13年までに23戸の移住希望者に土地の処分が行われた。しかし現在は大半の土地が林業用地として位置付けられている。

ちょっと話題を変えて、標茶町の温泉湧出の最初の記録は明治22年10月、北海道庁が発行した『明治20年北海道釧路外11郡役所統計書』の「鉱泉」の部に阿寒、弟子屈方面の温泉の状況と、虹別村「勘知牛の湯」、塘路村「ヌベツの湯」の記録が次のように記述されている。川上郡虹別村モアン「勘知牛ノ湯」摂氏66度。同郡塘路村字ヌベツ「ヌベツノ湯」摂氏47度。このように標茶町の温泉湧出の記録は、明治時代にまで遡るものの、その後温泉の話題は途絶えることになる。

虹別村「勘知牛ノ湯」については虹別の項に譲るとして、塘路村「ヌベツノ湯」はシラルトロ湖の東岸、国道391号沿い「冷泉橋」の下を流れる川がヌベツ川で「ヌベツの湯」と呼んだらしい。「統計書」が示すように常時47度の泉温であれば温泉郷として発展したはずが、知る人ぞ知るという程度の温泉に終始し、その話題も途絶えてしまった。

その後標茶町の温泉の掘削は昭和26年3月、「ヌベツの湯」の近くで本町最初の温泉試掘が行われ、同40年代の後年から、標茶市街地、茅沼、五十石付近で、本格的な温泉掘削が進められることになる。

湖畔に整備されていたシラルトロキャンプ場

国道391号沿いの温泉群

コタンの長の秘密の場所

塘路村「ヌベツの湯」の湧出場所は、シラルトロ湖畔の駐車場のすぐ前にある廃屋、シラルトロ湖温泉・湖畔荘を含む湿地一帯の土地で、字塘路20番地付近がその場所である。

明治22年『郡役所統計書』が発行された当時、釧路集治監が標茶・釧路間道路の開削の最中で、道路はシラルトロ湖の東側奥の山中を通過していたことから、湖畔周辺の事情は道なき道で衆人の知るところではなく、塘路コタンの長《おさ》の秘密の場所になっていたらしい。

そこで温泉縁のヌベツ川に架かる「冷泉橋」はいつ架橋されたかが疑問であった。大正13年、花輪日曜堂が発行した「釧路国支庁管内図」には地方費道として湖畔を通過しており、それ以前に路線変更が行われたことが判明した。それは現在の国道391号が、仮定県道の時代か、同8年「道路法」が施行され、この道路が地方費道になってからかが、ちょっと気になったところ。

「ヌベツの湯」のその後は、昭和26年、この温泉縁の人達によって試掘が行われ、25度ほどの冷泉の湧出で結局、調査の程度に終始してしまった。同じ場所で昭和36年8月から温泉掘削に取り掛かったが、同40年10月、4本目の掘削井戸で25度のお湯が湧き出した。利害関係、期日は不明であるが、そのお湯を加温して「湖畔荘」が営業を開始した。これを契機に全町に泉源数は別として、およそ20カ所で温泉が湧出した。この内オーロラファームの1カ所を除き、その分布は国道391号沿いに集中し、冷泉橋から北に向かって、標茶市街地、磯分内市街地を越えて隣町南弟子屈付近にまで広がっている。本来なら泉源一本一本の関係者の喜びの声、温泉利用、成分分析結果の抱負、成分分析結果などの物語についてページをさきたいが、総括して冷泉橋から北に向かい、シラルトロ湖周辺に6カ所、五十石を含む市街地周辺に5カ所、標茶市街地に6カ所、磯分内市街地2カ所、未公開1カ所。都合で利用されていない泉源も見受けられるが、酪農地帯の中の特徴的な温泉地として体にやさしい泉質が、温泉好きのファンにたまらなく愛されている温泉地帯となった。

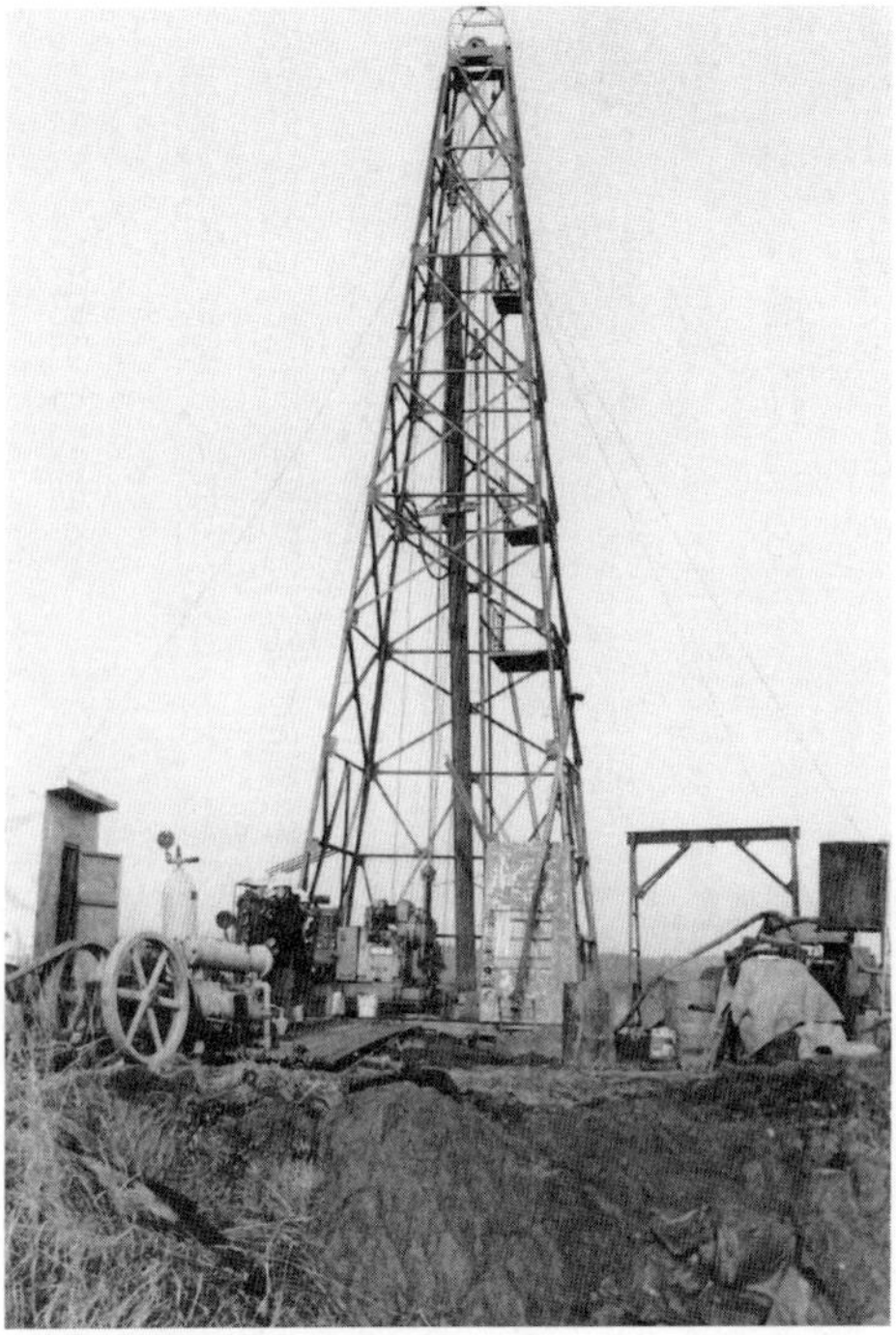

茅沼地区の温泉掘削の様子

茅沼《かやぬま》駅周辺

「カヤ」が群生する沼地

茅沼という地名は、昭和2年9月、釧網線茅沼駅が開業した当時、駅周辺にはカヤが群生する沼地であったことから駅名を茅沼駅としたらしい。この駅名の外には「茅沼神社」に使われている程度で、字名、地名に「茅沼」を呼称している例はない。

『標茶記念誌』によると、駅の開業によって周辺には、国際通運KK取扱店茅沼運送社が営業し、それを前後して千賀製炭、我妻製炭が戦前、戦後を通じて木炭業を営んでいた。また、国鉄官舎には10戸程の職員が居住し、駅前としてのにぎわいを見せていた。また、昭和20年代後半に整備された茅沼、コッタロ間林道を利用し、釧路川を越えてコッタロ、沼幌方面から大量の木材、木炭が運ばれ、茅沼駅から都府県に送り込んだ集積地で、当時の駅土場は常に、木材、木炭が山積みであった。

釧網線茅沼駅は、昭和48年11月、NHK新日本紀行「鶴の来る駅」が放映されて一躍有名になった駅でもある。その経緯は昭和39年の冬、15代目の駅長斉藤という人の時代、自前でトウモロコシを買ってタンチョウ鶴に与えているうち、用心深い鶴が毎日決まってエサをねだりに飛来するようになった。それ以来、駅長が移動する際には、業務の引き継ぎのほかに、必ずタンチョウ鶴の給餌についても引き継ぎが行われ、平成4年4月、この駅が無人化するまで続いていたという。上り下りの列車が茅沼駅に近づくと「ただ今、茅沼駅周辺にタンチョウ鶴が飛来しております」と車内放送が流れていた。

駅の裏側、釧網線の向こう側に、斉藤家が大根の生産を行なっている。その先々代に当たる斉藤政六という人は、大正時代後半、父の遺志を受け継ぎ酪農経営の規模拡大を図るため、塘路湖畔から茅沼駅の西側字コッタロ原野の一角に牧場を開設した。その当時牛乳は、一般庶民はなかなか馴染めず、釧路、標茶で販売したが不調に終わり、鳥取産業組合経由で芽室集乳所に送るなど苦心を重ねていた。

斉藤政六氏は標茶酪農の先駆者として、その発展に多いに寄与した人で、昭和30年8月「北海道生乳生産百万石突破記念感謝祭」が札幌市で開催され、その席上北海道酪農の基礎を築き上げた多くの功労者が表彰の栄誉によくした。その一人に斉藤政六の名が刻まれていた。

JR釧網線の茅沼駅

虹別《にじべつ》地域、区域の概要

三つの地区の総称

虹別地域は標茶町の東側に位置し、地域の北側は阿寒摩周国立公園、摩周岳と西別岳中間の裾野を横切る国有林内の分水嶺および磯分内川を境に弟子屈町に接し、東側は虹別原野57線で中標津町に、南側は虹別原野北14号線および主要道道中標津標茶線付近の分水嶺で別海町に接し、西側は地区の北から南に流れる西別川を境とする区域である。

また、戦後の開拓政策によって西別川の西側一体の民有地が、開拓地虹別地区および萩野地区として新たに地域を形成した。昭和35年8月には弟子屈町の一部、戦後開拓地区名で、弟子屈萩野地区が行政区域の変更によって標茶町に編入した。この三つの地区を総称して虹別地域と呼んでいる。この地域は西別岳の南側一帯に広がり、ほぼ平坦な台地で占められ、萩野地区は国道243号沿いに平坦な土地が多いものの、地域の西側一帯は、標茶町育成牧場多和団地が地区の中央部に大きく湾曲して食い込み、その付近全体は丘陵波状で、緩急の傾斜地帯を呈している。磯分内川の上流に位置する弟子屈萩野地区は、ほぼ平坦ではあるが、河川流域に湿地帯が広がっている。

地名の由来はアイヌ語地名と言われ、『山田地名解』では、虹別、西別川の水源であるが、川口の西別と区分するために虹別と当て字したのだとかと聞いている。摩周湖の水が湧き出していると称するすばらしい泉池があり、鮭のふ化場になっている。古書に「摩周湖の水が北三里隔ててヌウという小沼に湧き出るという。夷言にしてニシベツ川の水源これなり」と書かれた、もしかしたら、それでヌウ・ウシ・ベツ（ヌウ・ついている・川）であったかもしれない。また『永田地名解』は「ヌ　ウシュ　ペテトク　豊漁川ノ水源ヲ云フ西別川ノ水源ヲ云ウ」と書いてある。

　ところでアイヌ語で虹は「ラヨチ」と言うらしい。だとすると明治8年、開拓使の時代、村名「ニシヘツ」を漢字に変えた際、下流に西別村を設定したため、虹がよく出るからと苦肉の策で、水源の地域であるにもかかわらず、虹別にしたとすると、この地名は和名であるということになるが。

上空から見た虹別地区

アイヌ民族と勘知牛《かんじうし》ノ湯

虹別村の温泉として記録

アイヌ民族の定住について『標茶町史』に次のように記述されている。内容は、松浦武四郎の『東蝦夷日誌』で「釧路のモシリアチャシを築いたトミカラアイヌはその城を子のタサニセに譲り、その後ニジベツに進出した。という伝承をトミカラアイヌの曽孫であるメンカクシから聞いて書き留めている」また「モシリアチャシの伝承は単なる伝承ではなく、史的裏づけを伴ったものである。とすると釧路のアイヌの一部が18世紀半ば過ぎに虹別方面に勢力を伸ばしたことになる」とも記述され、アイヌ民族定住の起源を見ることができる。

また、アイヌ民族の戸数及び人数については、今からおよそ200年ほど前の文政5年（1822年）『クスリ場所引渡書一件書物写』に15軒、71人が居住し、その50年後の明治5年の『開拓使事業報告』には6軒23人と記録されている。このように古くからアイヌ民族の生活の場であったことに他ならない。

以前「シラルトロ」付近で書いた続きとして、このアイヌの人達が利用していたという「勘知牛の湯」について改めてこの地域の状況を確認すると、およそ次のような状況である。現在、虹別原野57線が標茶町と中標津町の境界線として設定されているが、その北東側中標津町領域内を、標津川の上流部に当たるケネカ川が北から南に向かって流れている。さらにその川の支流として、カンジウシ川がケネカ川に流れ込んでおり、その中流域の右岸側にカンジウシ山がある。

このように河川名、山名、地域名等に共通するカンジウシ（勘知牛）を確認することができ、またこの地域が養老牛地域の一部であることも確認できた。勘知牛温泉、実は養老牛温泉が、当時の虹別村の温泉として記録されたのではないかと予測される。隣接する『中標津町史』『標津町史』にも、その昔から虹別アイヌが養老牛温泉を利用していた様子が記録されている。

『標津町史』の一部の「アイヌ伝説」として「養老牛温泉の近くにモアン川という小川がある。標津川の曾孫川で、この川で釣れるヤマベは骨が軟らかくて美味といわれている。昔、シワンコタン（標茶町虹別）のアイヌ達は春になると養老牛温泉に移動して、男夷はクマ狩りに女夷はモアン川でヤマベ釣りをするならわしだった」と書いている。

行政地名になったアイヌ語地名

身近のところ、豊富に

虹別にもコタンがあっただけに地域全体にアイヌ語地名が豊富で、例えば、先にも書いた「ヌ・ウシュ・ペッ」。虹別の地名の由来にかかわる地名から始まり、虹別の看板ともいえる西別岳は「ヌ・ウシュ・ノポリ」。その昔は死者の行くポキナシリ（地獄）があるといわれて恐れられ、誰もこの山に近づかなかったというアイヌの伝説がある。現在は、登山の初心者でも登れる山として有名である。

また、市街地虹別神社付近の「シュ・シャモ・コタン」（和人の村、釧路の番人米味噌等をここに持ち寄り、熊皮等と交易した所）というように身近な所に、アイヌ語がある。しかし、今回はこの虹別地域の行政地名にとどめたい。

「シュンダベツ」、ふ化場施設用地付近の土地で、1番地から8番地まで8筆、およそ10ヘクタール。行政地名の「シュンダベツ」は、いつから呼称されたか不明であり、アイヌ地名にその名はない。場所からみて、「シユングシベツ」が誤って呼称されたらしい。『永田地名解』では〝シュム・ウン・クシュ・ペツ（西ナリ来ル川）〟という。

「シワン」は〝シューアン鍋ある所、ポンペツより鮭をもらい鍋にして烹食《ほうしょく》せし故に名づけられた〟と『永田地名解』にある。その行政地名である「字シワン」は、虹別原野64線と65線の間、北18号と北21号の間で、シワンベツ川とその支流が交差したU字型の土地がそれである。明治38年に作成された虹別原野区画図に、アイヌ民族の給与地として位置付けられていた。この土地の一部にアイヌ地名の「シュアンコタン」があって、ふ化場創業時の採卵場であり、最後の熊送りの場所でもあった。

「シワンブト」、ふ化場創業時の採卵場付近の土地で、『永田地名解』によると〃シユーアンプト、シユーアン・川、ポンシュアンペツ、子の・シユーアン・鍋川の支流　シユーアンエクト・鍋川の水源〃にあたる1番地から2番地まで2筆1・3ヘクタルほど。

「ポンペツ」、ふ化場創業時の採卵場で、『永田地名解』によると〃ポンペツ・小川・鮭上ル・小さい川であり、松浦地図ではポンペツフト（小さい川の口）〃という。1番地から3番地まで3筆で0・3ヘクタルほど。

シワンブトのサケ捕獲場

幕藩時代、西別《にしべつ》川付近騒然

鮭の捕獲を巡り争い

西別川は、アイヌ語で豊漁の水源といわれるように、昔から鮭の遡上が多かった川で、アイヌの人たちは根室、厚岸、釧路、斜里などから鮭の漁獲を目的に、特に山住のクシロアイヌの飯料場として、虹別付近は重要な場所であったらしい。また、鮭を求めて鷲、鷹、熊なども集まる恰好の狩猟場で、アイヌ民族の定住は当然であったが、その年度を特定することは難しい。この鮭を巡り、また根室領、釧路領と国境を巡る話題も多かったようである。徳川幕府の時代（1800年ごろ）将軍献上鮭、大奥御用鮭として、シカルンナイ川から上流で捕獲された鮭が江戸に送られ、珍重されたともいわれている。

ところが安政3年（1856年）、鮭の捕獲を巡り騒動が起こった。その争いは、西別川の川口にネモロ領のアイヌが留網を仕掛けたため、鮭が遡上しなくなり、上流のクシロアイヌが抗議したもの、その結果、一旦は西別川の漁業権はクシロ側のものとして決着した。しかしネモロ側の請負人が変わり、張切網を仕掛け、鮭が上らなくなったことから、釧路の庄屋が西別川の漁業権を巡り厚岸役所に訴え出たもの。その訴状に「西別川は元来根室領ではあったが、釧路側と根室側が示談の上、昔からクシロ側がこの川で喰料の鮭や鷲、熊などを漁獲し、家族を養ってきた。その後差し障りができて、結局川上から川口まで、陸地シカルンナイからカンチウシまでを釧路側が買取ることになり、宝物を差し出し相談がまとまった」というもの。

しかし、場所が開けると、川口には網が張られ、流し網を使うようになり、遡上する鮭は勿論、鷲、熊まで少なく、喰料にも困る状態で、釧路で買い取った川なので返して貰いたいと申入れたが聞き入れられなかったらしい。しかしこの問題は、アイヌ民族だけの問題ではなく、場所請負人の利害の絡む大きな問題だったようであった。このように西別川流域は、早くから定住したアイヌを中心に鮭の漁場として繁栄し、やがて和人も定住しはじめ明治時代を迎えたのである。

豊かな魚資源を象徴するふ化場

虹別さけ・ますふ化場

全道的漁業振興の重要拠点

西別川の上流は極めて清らかな水に恵まれ、その昔から鮭の大群が遡上することで有名であった。また水質によるものか極めて美味で徳川時代、場所持ちが5万尾の鮭を松前藩に送り、松前藩はこれを将軍等に献上したことから「献上鮭」として有名になった。

それだけに当時の関係者は、西別川の河口付近から根室湾にかけての鮭の乱獲で、遡上する鮭の減少、自然ふ化量の減少を危惧して絶えず注意を怠らなかったようである。

明治13年5月開拓使第5期報告書に「魚苗永遠保育のため水源等に官舎を設けて之を監臨せしめる」と記録している。これによれば、漁業家の他に官吏が水源付近に駐在した事実が明確で根室支庁々務概要にも「西別川水源に於いて特に魚苗の保護を計り、明治15年に駐在所を新設し爾後吏員を派して之を護らしむ」とあるので、ここに水産ふ化場が設置されても決して偶然ではなかったようである。

明治21年、北海道庁は、千歳川に鮭鱒人工ふ化場を設置したことから、西別川にもふ化場をということになったようだ。藤村信吉（『藤谷弥吉』の説もある）等の調査の結果、同24年、西別川水源付近のシュム・ウン・グシュ・ペツに、根室漁業組合によって「西別鮭人工孵化場」が開設された。その後、明治40年には施設の全てを道庁に寄付し、北海道水産試験場西別分場となったが、その後、道から国に所有が変わり、昭和27年には水産保護法の制定により、国営の鮭鱒人工孵化放流事業の実施機関として、水産庁北海道さけます孵化場根室支場虹別事業所と改称し現在に至っている。

この事業所のふ化増殖事業は、時代の求めに即応してシロサケ、カラフトマス、サクラマス、ベニザケ等、さけ・ます各種の種卵を確保し、回帰遡上率、品質の向上を図りながら着実に増殖を進め、根室、釧路海区のみならず、全道的な沿岸漁業振興のために極める重要な拠点施設となっている。

開設以来の年度別採卵数・放流尾数等を詳細に示すことは出来ないが、昭和30年代前半においては、採卵数が一億粒を越え、放流尾数は平成時代に入り鮭を中心に5000〜6000万尾が毎年放流されている。このような歴史的経過から、虹別への和人の定住は「さけ・ますふ化場」の設置によるもので、開設当初はアイヌ民族の労働の場であり、和人との交流がここから始まったといえよう。

根室国・釧路国の国境界の混乱

国有未開地処分法公布前の紛争

虹別は土地柄、根室国・釧路国の国境界の一部に当たる地域で、明治38年3月初刷の『虹別殖民地区画図』が発行されるまで、折に触れて国境を巡って確執があったようである。前回の「幕藩時代、西別川付近騒然」の安政3年（1856年）、鮭の捕獲を巡る騒動について、具体的には久寿里の酋長精一郎（メンカクシ）と根室の酋長西郎左右衛門との間で西別川と境界について紛争を起こし函館奉行に訴えた。そのため厚岸役所は関係者を呼び出し調査の結果、西別川の川口から川上までを久寿里に渡し「山道界の義はホンケネカよりシカルンナイ迄と定め、示談相整い、相方依存なき旨を具し」と一見解決したかに見えたと『釧路郷土史考』蝦夷風俗彙《い》纂《さん》雑録に記述されている。

また、本書136Pの「シラルトロエトロ付近」明治22年10月、北海道庁が発行した『明治20年北海道釧路外11郡役所統計書』の虹別村「勘知牛の湯」は、実は養老牛温泉についての錯誤。本書116Pの「沼幌（上）」の、明治24年発行の『北海道殖民地撰定報文』では川上郡内の各原野には、現在の別海町に所属する「シカルナイ原野」「ヲンネベツ原野」が示されていた。それに関連し明治33年に発行された『北海道殖民状況報文』に、虹別村について「殖民状況報文」に〃所謂「シカルンナイ原野」「ヲンネベツ原野」「シワン原野」と称するもの是なり、シカルンナイ原野は村の南東に位し、その北東西別川を隔ててヲンネベツ原野あり、またその北東西別岳の麓に至るまでをシワン原野とす　3原野相接続し、共に根室国の諸原野に跨《またが》り、その面積概算1億4千余万坪とす〃と記録されている。

　これは管内を網羅する連絡図が整備されていなかったからであろう。明治23年、道庁は従来の土地処分の方法を一新するため、道庁第2部に殖民課を新設し、殖民の方法、殖民地の選定及び移住案内に関することを一括した。その後、明治29年直角法による殖民区画の測量を採用し、関連する規則などを一新し、翌30年「北海道国有未開地処分法」の公布によって拓殖事業も本格化した。それ以後に国境界にまつわる話の記録は見当たらない。

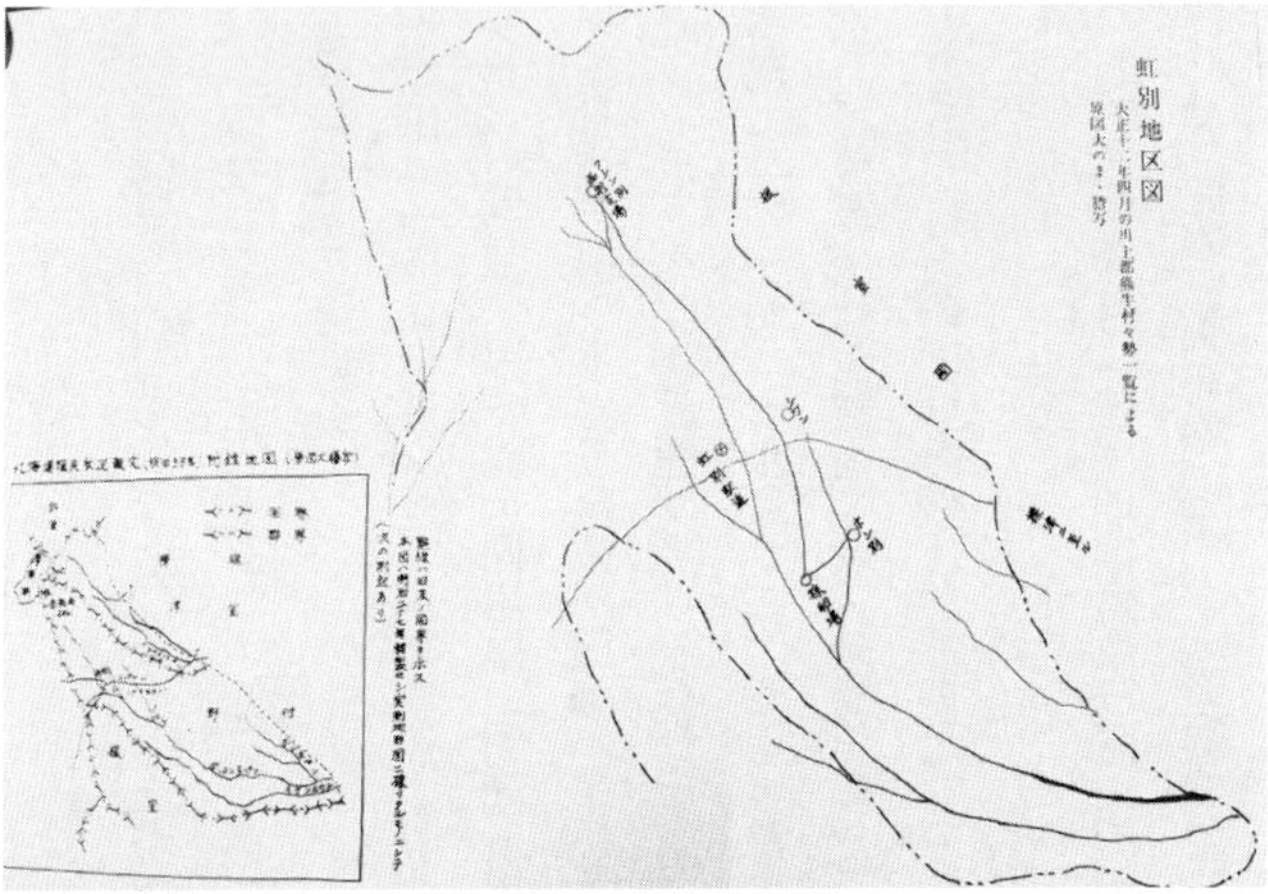

虹別地区図

虹別の殖民地選定

明治から着目 区画図作成

虹別付近が移住地として着目された時期は早い。『北海道殖民地撰定報文』によると、現在の「虹別原野」は「シワン原野」として調査が行われ、「農牧ニ適スル世人ノ既ニ了知スル處ナレハ速ニ移民ノ増加ヲ見ン」として、次のような調査報告を示している。

『「シワン」原野　東ハ「オンネナイ」原野及ヒ根室国「チライワッタリ」原野ニ連ナリ西ハ西別岳ノ山麓ニ接シ南ハ「シカルナイ」原野ニ隣シ北ハ根室国ノ界ヲ以テ標津岳ノ山麓ト界ス而シテ此原野ハ直ニ山麓ニ接シ上流ニ位スルワ以テ土地自ラ高シト雖モ全体ノ地勢ハ頗ル平衍ナリ西別川ハ源ヲ西別岳ノ麓ヨリ発シ始メ南東ニ流レ「ポンベツ」近傍ニ至リ一折シテ東北ニ奔リ「シワン」原野ノ中央ヲ貫流シ諸川ヲ合シ根室郡ニ至リテ海ニ入ル長サ二十四里半餘根室国第一ノ大川ナリ川口濶サ五六拾間許屈曲夥シク水流緩慢其色清澄飲用ニ適ス鮭鱒魚多シ其水源ニ至リテハ該魚ノ天然産卵場ナリ』として、2225ヘクタルほどの面積を移住候補地として設定した。

また、移住者を受け入れるための図面の作成は、明治29年5月「殖民地撰定及び区画施設規程」が制定されてからのことで、直角法により縦横300間の区画号線によって、全道的に『殖民地区画図』の作成が開始された。

虹別地区の『殖民地区画図』の作成経過を見ると、明治38年3月初刷の図面は、先の報文には「シワン原野」であったものを「虹別原野」として区画図が作成され、図化の範囲は、北側は北20号まで、東側は中標津町との町境57線まで、南側は別海町との町境北14号まで、西側は西別川に囲まれた区域であった。

2回目の測設は『上標津・虹別殖民地増画図』として大正10年に測設が行われ、北20号から北30号付近の国有林境までが含まれ、3回目は、同13年に西別川を越えて、旧第1部落付近の測設を終え、虹別原野の全貌が明らかになった。しかし、移住者の入地は昭和時代を迎えてからのことである。

虹別酪農センター敷地内に建つ開拓50周年記念碑

虹別原野 許可移民の移住

寒冷地農業の確立を模索

虹別原野の開発が本格化したのは、道庁の「第2期北海道拓殖計画」が樹立した2年後の昭和4年春からのことで、同7年までの4年間に、東北地方を中心に全国31都府県から343戸の移住者が虹別全域に一斉に入植した。さらに昭和8年から同21年にかけて47戸、合計390戸が特定地貸付制度による許可移民として移住した。この当時の移住者は、主として出身地で経験した農業を踏襲するため、農耕馬を使った畑作経営を夢見て開墾作業にいそしんだ。

ところが昭和7年に発生した未曾有の大冷害は、移住して間もない農家に大打撃を与え、経営を諦めて他地域に転住を希望する農家が急増し、短い期間に農家戸数は3分の1にまで減少したといわれている。道庁はこの冷害を契機に根釧地域が隣接する十勝、北見地方に比較して劣悪な気象条件であることを考慮し、穀菽《こくしゅく》に依存した農業から乳牛を中心とした、主畜農業経営の徹底を期さなければ、根釧原野が新植民地として成立たないという危機感から、被害の大きかった根室国3村15原野、釧路国4村11原野において「根釧原野農業開発5ケ年計画」を樹立して、寒冷地農業確立を模索する政策を試みた。

この計画では自然的要素、土地生産力によって「Aタイプ、10町歩混同農業地帯」「Bタイプ、15町主畜農業地帯」「Cタイプ、20町主畜農業地帯」に大別し、それぞれの経営方式例に基づいて指導が図られた。標茶においてこの計画区域に組み込まれたのは、昭和4年から移住の始まった「虹別原野」のみで、経営耕地面積20㌶、耕馬2頭、乳牛7頭を標準例とする「Cタイプ、20町主畜農業地帯」の指定であった。

この指定によって虹別には、昭和8年から同12年にかけて126頭の乳牛が導入され、この牛が虹別酪農の基礎牛となり、酪農経営が普及して今につながる酪農の足掛かりが確立されていった。この時代を乗り越えたある古老の話しによると、あの冷害が続いた時は「去るも地獄、残るも地獄」であったという。

虹別地区の入植者たち

虹別地域の集落形成

五つの地区に分かれ活動

虹別地域の特徴として、昭和4年から短い期間に移住者が入植し、地域全体に集落の形成を見た。それぞれの集落名は、本書20P「歴史編の集落組織」で説明しているので省略するが、上虹、中虹、市街地周辺、市街地、それに戦後に加わった萩野と、大きく五つの地区に分割され、それぞれの地域振興会を組織し活動している。そこに住んでいる人たちにとっては、行政地名よりむしろ部落名で呼ぶほうがなじみ深く分かりやすいものであるが、やがて部落名は風化し、上虹、中虹、萩野、市街という大枠の地区名は将来にわたって呼び続けられるだろう。

現在は統合して虹別市街に小学校、中学校が設置されているが、かつては上虹小中、中虹小中、萩野小がそれぞれの地区に設置されていた。中学校は昭和39年3月に統合し、小学校は、萩野小が同55年3月、上虹別小が同58年3月、中虹別小が平成15年3月をもって統合した。市街地から離れた上虹、中虹、萩野等は、学校が地域の核として、地域住民の心の寄りどころになっていたものである。

行政地名は、戦前の移住者の大半は「字虹別原野区画地番」で土地の処分を受け、戦後入植の萩野地域は「字標茶」、弟子屈町から編入した鳥海部落は「字弟子屈」の行政地名である。

虹別市街については『虹別殖民地区画図』で、主要道々標茶・中標津線とシワンベツ川とが交

虹別市街地の様子

差する左岸側に公共用地として設定された区域である。現在の道々標茶中標津線にあたる通りを「本通」とし、北側に北1線から北4線まで、南側に南1を設定し、各線と直角に1丁目から4丁目に分割した。宅地の分割に当たっては学校・神社・寺院・巡査駐在所・郵便局・移住者世話所等の公共施設用地を含め84区画に分割し、翌昭和4年から、字虹別市街として土地処分を行った。

その一角には、今全国展開している「ホーマック」の前身「石黒金物店虹別支店」が営業した時期もあった。現在市街地には、虹別小、中学校をはじめ、町立保育園、公民館、JA標茶虹別営農センターなどが設置されている。また虹別市街地町内会は、昭和42年2月に発足している。

虹別連合振興会の活動

他町村と連携し自然保全

虹別地域内に所在する1町内会、4地域振興会を網羅した虹別連合振興会が積極的な活動を展開している。この会の前身は、戦後間もない昭和22年、虹別総合振興協議会として発足し、同37年には虹別開発振興会と改称して、多くの地域課題を解決してきていた。『虹別五十年』によると、この会は「虹別地域の代表機関として、内外の問題を処理し対外的に面目を保ってきたが、時代の推移とともにこれ以上の存続の必要がなくなり、一応の目的が達成されたので、昭和48年6月5日、役員会を開き解散を宣言した」と記述している。このような地域組織は、そこに根差す地域の発展と住民の福利向上および親睦と融和を目指し、地域全体に共通する課題解決のために、事業執行に向けて計画し、地域を挙げて行動していることにはいつの時代も変わりはない。

現在、組織されている虹別連合振興会は、昭和53年4月、新たに発足し「酪農祭」「運動会」「冬まつり」をはじめ、従来の振興会と同様な組織活動を展開してきた。

特筆すべき事項として、平成3年、虹別全域の集落整備事業が終了したところで会則を全面改定し、新たな地域づくりを模索した。平成4年には、虹別地区公民館が企画した「提言ラリー」を後援し、その後、虹別地域のあるべき姿について地域住民からの意見を集約した「虹別農村公園化計画」は、連合会振興会が音頭を取り同12年、住民の手によって企画し樹立したもの。

この計画は、阿寒摩周国立公園内、西別岳を借景とする原風景を背景に、虹別全域をフィールドとするもので、平成13年を1年目とする「標茶町第3期総合計画」の資料編にも組み込まれている。新たな事業である「虹別オートキャンプ場」の管理を含め、この計画の遂行に地域を挙げてまい進している。これらに関連して、西別川周辺の自然保全を図る企画は、他町村とも連携した摩周水系西別川流域連絡協議会など市民活動も展開されている。

地域住民でにぎわう虹別地区酪農祭（虹別酪農センター提供）

虹別地域の戦後開拓（上）

三つの部落が新たに集落

虹別地域の戦後開拓は、虹別、萩野、弟子屈萩野の三つの地区で開拓事業が進められている。虹別地区の戦後開拓は、虹別一円の国有未開地の未処分地と、西別川と国道２４３号とに囲まれた三角地帯の民有未開地合わせて、およそ２２８９㌶が開拓財産に組み替えられた。それらの土地に、昭和21年から同41年までの約20年間に１１５戸の開拓者が入植した。

集落形成の状況をみると、西別川と国道２４３号とに囲まれた三角地帯には、新潟、羽黒、弥栄新興と三つの部落が新たな集落形成し、その他大半の開拓者は既存農家が形成していた各部落に分散して加入した。土地処分の行政地名は、字虹別、虹別原野として土地処分が行われている。

開拓地萩野地区は、国道２４３号と主要道道中標津標茶線の交点から見て北西側一帯に広がる地域で、両道路の周辺は平坦な土地が多いものの、奥地は「多和平」のある標茶町育成牧場多和団地が地区の中央部に大きく食い込み、その付近全体は丘陵波状で摩周系火山灰土に覆われた緩急の傾斜地帯を呈する地域である。

この地区の土地処理について概説すると、明治40年11月、陸軍省軍馬補充部川上支部が開設された当時、萩野地区一帯の土地も軍馬補充部用地であった。ところが大正14年ごろ、明確な資料はないが軍縮によって、用地の一部が国に返還されたらしい。この土地について当時の標茶村農会は、昭和4年、牧場用地として払い下げを受ける手続を行った。結果は不調に終わり、その後一般有志に払い下げられたという経過をたどる。

ところが戦後この土地の所有者17人、すべてが「自作農創設特別措置法」による不在村地主に該当したため、未墾地買収が実施され、この土地と一部国有林を含めておよそ2733㌶を開拓財産とし123戸の開拓者の入植を予定した。しかし結果は102戸の入植にとどまった。その後、全体が経営不振に陥り、昭和30年ごろまでに30戸余りの農家が離農する結果となった。

虹別地区の酪農の様子

虹別地域の戦後開拓（下）

農業用に萩野多和水道

開拓地萩野地区は、国の直轄地区として開拓事業が進められている途中、計画を下回る入植者数に加えて、30戸ほどの離農者を出し、開拓不振地区に指定される程の状況に陥った。その対策として土地の再配分を行い、個々の所有地を拡大し、乳牛導入も図られた。

しかし、この地区は水資源に乏しく、国はその緊急対策として20㍍を越える深井戸６本を掘削したが、効果的ではなかった。結局昭和39年11月、課題であった上水道「萩野多和水道」が、標茶町最初の農業用水道として完成した。

この地域では、昭和24年から同29年までの６年間に入植した１０２戸の農家が、新たな集落の月山部落をはじめ萩野中央、弥栄新興、新潟、萩野第一、萩野宮城、開花部落を形成した。この萩野開拓地で売り渡した土地は、すべて標茶市街地と同様の字名「字標茶」という行政地名で土地の処分を受けている。

また萩野地区に隣接する、戦後開拓地「弟子屈萩野地区」は、磯分内川最上流の左岸側に広がるおよそ５５０㌶程の社有林が、戦後の農地改革によって開拓地に編入した土地で、売渡の字名は「字弟子屈」であるが、通称、鳥海部落と呼んでいた。入植者の大半が東北出身者であったため、秋田県、山形県境にそびえる秀麗な成層火山、出羽富士、秋田富士とも呼ばれる鳥海山に思いをはせる部落名にしたものらしい。この地区には、昭和28、29年の2年間に12戸の開拓者が入植した開拓地であったが、地理的条件を背景に同35年8月、弟子屈町から標茶町に編入した区域である。

また、先の萩野地区内におよそ１５００㌶におよぶ町営多和育成牧場があって、乳用基礎牛の飼育を行なっている。この牧場は、当時の標茶開拓農協と弥栄開拓農協が、この区域内の開拓財産から採草放牧地及び薪炭備林地として取得した土地を標茶町が無償で譲り受け、昭和41年から国営草地開発事業に着手し同47年に牧場は完成した。場内の一番高い所に「多和平」があって、３６０度の大景観は、見る人を感動させている。

余談として、昭和33年6月27日、天皇陛下が皇太子殿下の頃、萩野小学校を行啓視察されている。またこの年「森と湖のまつり」で、高倉健が乗馬で疾走する場面のロケ地であったことを知る人は少ないと思うが、映画の何コマかがこの地で撮影されている。

中虹別の集乳所

茶安別《ちゃんべつ》地域
屯田兵村の入植と太田村開村

北方警備で士族４４０戸移住

茶安別地域は、主要道道厚岸標茶線で、標茶市街地の東南側の丘陵地を越えた辺りから厚岸町にかけた一帯の地域で、東側を除く大半が国有林に囲まれた区域である。

地域内には平坦地が少なく、全体が丘陵波状の傾斜地帯で占められ、特に厚岸町寄りの土地は、地域の中央を流れるチャンベツ川、平野川、および北側を流れる別寒辺牛川の影響によって湿地帯の状況を呈している。地域のほぼ中央を、主要道道厚岸標茶線が東西に縦断し、釧路〜標津間の国道２７２号が地域の中央部を南北に横断する純酪農地帯である。

茶安別の母村太田村は、明治23年6月、北方の脅威に対する警備の確立を目的に、歩兵第４大隊第３・第４中隊で編成した４４０戸の士族が移住し、屯田兵村として形成された村で、その士族の授産として農業を開始し、同時に太田村戸長役場が開設された。太田村とは、兵村設置に多大な貢献をしたアイヌ民族の太田紋助という人の功績を称え、その姓をとって村名とし、士族最後の兵村として開村した村である。

この兵村と釧路集治監との関わりについて『標茶町史』通史編第1巻によると、まず標茶厚岸間道路が、標茶から雷別、片無去を経て屯田用地を縦貫し、真龍に至る路線38・2キロを、明治21年4月着工、同年11月完了とあるから、わずか8カ月で完了させている。測量技術も進んでいない時代、技師らは夜中の星の位置を確かめ、地上の樹木、山などを目標に進めたとあって、工事の過程にいくつもの逸話があるらしい。

　標茶厚岸間道路が竣工すると同時に、北海道長官の訓令により屯田兵屋の建築が指示された。明治21年11月、看守長が囚徒50名を引率し、小屋掛と用材の伐採に着手、翌年春には数百名を派出し、建築用材の伐採と建築を開始し、当年中に7割方の完成をみている。明治23年5月16日兵屋440棟、中隊本部の諸施設、各道路に1棟ずつの事業所、合計492棟を落成させ、翌日には標茶に引き上げたとある。

茶安別地区の全景

茶安別《ちゃんべつ》地域の移住地選定

31年間におよそ450戸入植

明治45年1月に発行された『殖民公報』第64号に、茶安別地域最初の土地処分の概略が次のように掲載された。「釧路国チャンベツ区画地、面積794町歩、165区画で、土地の条件として、オボロベツ川支流チャンベツ川の上流に流れ、大部分は厚岸郡太田村に、小部分は川上郡熊牛村に属す、北西東の三面は山を以て囲まれ丘陵起伏すると雖《いえど》も傾斜概して急ならす、河岸にして排水を要す。交通標茶市街を距ること一里半にして厚岸町より標茶に通じる道路は本地の西端を過ぐるを以て交通便なり、標茶市街には戸数五六十あり戸長役場、警察分署、小学校及雑貨商店あり日用品を辧《べん》するに足る」。

以上の文書と、その後順次進められた測設の経過は次の通りである。最初に測設が行われたのは、太田村本村からは一番奥地、標茶市街寄りの上茶安別付近からで、大正元年に初版の「厚岸・川上郡チャンペッ殖民地区画図」で確認出来る。次いで、現在の主要道々標茶厚岸線沿の中茶安別附近が大正4年に測設を終了し、同5年に「厚岸郡中チャンペツ殖民地区画図」が完成している。

また、その「増設区画」として、下茶安別地区にあたる区画地が昭和2年に測設が行われ、同5年には「厚岸郡中チャンペツ増設区画図」としてに発行された。昭和9年には、従来の測設の完了した土地以外の通称、報徳、共和、東等の大団地の測設が進み「厚岸郡中チャンベツ増設殖民区画図」「厚岸郡チャンベツ増設殖民区画図」として同14年に初版になり、それによって茶安別地域の農業移住地の全容が明かになった。これらの土地の大半は、明治41年改正の「国有未開地処分法」第3条「特定地」の優遇措置として処分が行われたもので、大正5年から、昭和20年までの31年間に、およそ450戸の移住者が入植した。

土地処分に使われた字名は多岐にわたり、区画地では①上チャンベツ原野②チャンベツ原野③中チャンベツ原野。区画外地では、①チャンベツ②上チャンベツ③下チャンベツ④チャンベツ原野⑤上チャンベツ原野⑥中チャンベツ原野⑦中チャンベツと、都合10の行政地名が使われている。

太田の歴史を今に伝える厚岸町の太田屯田開拓記念館

畑作から酪農への発展（上）

畜産から農業定住図る

茶安別地域の母村太田村は、屯田兵村として形成され純農業地帯として発展した村であるが、入植の当初は一般的な畑作経営に加えて養蚕も手掛けていた。しかし、寒冷な気象条件に阻まれ、思うように生産は上げられなかったと言う。明治23年には、屯田兵中隊本部に30頭余りの農耕馬（土産馬）が導入されたことから馬産が始まり、優良な農耕馬を生産し、有畜農業経営を目指して、大正2年、農林省十勝種馬所所属種牡馬太田種付所を誘致し、管内有数の馬産地として名をはせた時代もあった。また、畜牛についても明治時代から飼育を始め、大正時代、既に相当数の畜牛が飼育されていたらしい。

このように太田村では、畜産業によって農業者の定着を図ろうとしていた大正5年、茶安別地域への移住が始まった。この当時の太田村には、馬760頭、牛367頭、牧場2800町歩（所有者6名）桑畑1町3反歩、えん麦48町歩、馬鈴薯47町歩、牧草55町歩、炭がま70カ所であったことが事務報告されていたと『太田村のれきし』に記述されている。

茶安別地区の移住の当初は、どの開拓地も同様に、夏季間は開墾に終始し、冬期間は生活と翌年の農作業の準備のため、炭焼き、出稼ぎなど、休む暇なく労働に勤しんだものである。このようにして始まった茶安別の農業であったが、大正10年、当時の太田村佐藤忠一村長の時代、上茶安別に5頭の乳牛を貸し付けた。しかし、飼育管理に経験がなかったため2、3年の間に全部斃死《へいし》してしまい、その後、5年間ほどは乳牛を飼育する農家はいなかったという。

昭和4年12月、当歳牝牛22頭、さらに翌年にも当歳牝牛30頭が導入された。この牝牛は産業組合の貸付牛であったが、これに個人購入の32頭を合わせて、2年間に84頭の基礎牝牛を確保した。と『釧路酪農史』に記述されている。このように、茶安別地域においても土地の所有は小規模であったが、畑作、馬産に加えて小規模酪農中心の農業経営が茶安別全域で営まれ、この状況は昭和40年代前半まで継続されていた農法であった。

入植者が暮らしていた太田屯田兵屋

畑作から酪農への発展（下）

茶安別地域に3つの集乳所

昭和23年に設立した茶安別農業協同組合の記録によると畑作物の作付けの状況は、他の地域と同様に小麦、大麦、燕麦等の麦類をはじめ大豆、小豆、菜豆、玉蜀黍等の豆類、工芸作物としてビート、亜麻、亜麻種、菜種等が作付けられ、蕎麦等に加えて、馬鈴薯は食用、でん粉用として作付けられていた。この頃は食料難の時代で、自給自足のために家計仕向に消費する量も多く、農協への出荷量は少なめに推移したことが予測される。また、牛乳販売額が非常に高いウエートを占めており、太田村産業組合、太田村農業会の時代を通じて酪農が継続されていることは、集乳所の設置状況を見ても明らかで、その農業方式がそのまま茶安別農業協同組合に引き継がれることになった。

太田村時代の畑作物の作付け状況、乳牛の飼育状況等、農業諸統計を明らかにする資料がないため、茶安別農業がどのように推移し、発展したかについては説明に難しいが、茶安別の酪農は、小規模ではあったが合併以前にすでに確立されていた。ともあれ、このように推移した茶安別酪農は、合併翌年の昭和31年、標茶町が集約酪農地域の指定を受けたことによって、今日まで積極的な酪農振興が図られ管内有数の酪農地帯に発展した。

『釧路酪農史』には、茶安別地域の3つの集乳所の開設について次のように記述している。上茶安別集乳所は、牛乳は初め6キロ離れた標茶駅まで個々に搬出していたが、昭和7年4月、実行組合員13人が結束して、実行組合経営の集乳所（上茶安別集乳所）を設置した。当時の乳量は1日7斗（最盛期は2石）であった。この集乳所は昭和9年11月、北海道製酪販売組合聯合会（酪聯《らくれん》）に買収されて経営の一切が移管された。中茶安別では雷別駅所の取扱人であった清水有四郎という人が、早くから農業経済と栄養の確保という点で乳牛の必要性を説いていたが、乳牛が自家用として太田村から導入されたのは昭和5年であった。上茶安別に集乳所ができてから中茶安別の牛乳は10キロ余りの道を天秤で担いで上茶安別に搬入されていたが、昭和13年に集乳所（中茶安別集乳所）が設置された。また、上茶安別と中茶安別の間に徳富集乳所が出来たのは昭和22年であった。その後この3つの集乳所は、集送乳の合理化によって、昭和30年に茶安別集乳所と、徳富集乳所、同33年には上茶安別集乳所が閉鎖になり、それぞれ集乳所が扱っていた生乳は、標茶工場へトラック輸送されることになった。

中茶安別の集乳所

茶安別《ちゃんべつ》・雷別《らいべつ》地域の戦後開拓

〝昭和の屯田兵〟構想も修正

茶安別地域の戦後開拓は、地域全体に広がった国有未開地の未処分地およそ3400㌶が、戦後ただちに開拓財産に組込まれ、89戸の開拓者に土地処分が行なわれた。その結果上茶安別地区に東栄、新生部落、下茶安別地区に新拓部落が新たな集落を形成した。

戦後開拓地雷別地区は、昭和23年、約1500㌶の旧国有林及び国有未開地を開拓財産に編入し、開拓地雷別地区を予定したが、傾斜地が多く交通不便な場所でもあったためか、開拓計画が遅れ同29年度となり、開拓者の入植は同32年3月からとなった。ところがこの開拓地に関して、昭和30年10月30日付けの「北海道新聞」に次のような記事が掲載された。「自衛隊入植の検討を開始＝農林省＝4、5百名なら枠外、候補地に根釧、天北」というもので、その内容は、自衛隊除隊者の道内集団入植問題について、農林省（当時）でも検討を開始したが、防衛庁（同）自体の構想が固まっていないために、農林省としての計画立案には、なお時間が掛かりそうであるというものであった。

雷別地区の入植計画をめぐって防衛庁（同）内部には北海道の開発と北の守りを確立する一石二鳥を狙った入植で、一旦有事の際は直ちに応召、防衛に参加させる、かつての屯田兵制度と同じ構想を描いていたことを新聞各紙が報じていた。しかしその後、徐々に軌道修正が行われたものと予測されるが、昭和31年8月16日、第1回の採用者14名が大樹町の「道立十勝拓殖実習場」に入所し、その後予備自衛官は8日間の研修を受け、24日には入植先の標茶町、浜頓別町に移動し、入植地付近の農家で同年12月まで委託実習生として住み込むことになった。茶安別の農家に委託された実習生は7人であったが、実習に入ってまもなく一人が脱落し、昭和32年3月には6人が開拓地雷別地区への「入植予約書」の交付を受けることになった。

しかし、いよいよ現地入りというときにもう1人が郷里に帰ってしまい、この年の入植は5人にとどまり、翌年も引き続き5人が入植し、雷別地区に入植した予備自衛官の数は結局10人を数えた。しかしながら当初、各地区とも30人から40人程度を予定し、昭和の屯田兵としての集団入植と騒がれた時期もあったが、予備自衛官による入植は継続されず終止符が打たれた。

上茶安別牧野完成を祝う人たち

パイロットフォレスト（上）

昭和32年から造成開始

パイロットフォレストは標茶町と厚岸町の町界を流れる別寒辺牛川、トライベツ川、フップウシ川に囲まれた区域で、元釧路営林署太田経営区内の約1万㌶におよぶ広大な用地に、７１４６㌶ほどのカラマツを主体とする一斉造林を実施した一大森林地帯である。この事業の用地の大半は厚岸町の区域に属している。しかし、この土地の最も近傍の出入り口にあたる付近に泥沼大湿地が横たわり、５００㍍にもおよぶ浮橋を架けなければ渡ることが出来ない程、最悪の立地条件であったため、やむを得ず事業の拠点を標茶町の区域に設置した。

そのため、管理主体は当時の標茶営林署が担当することになる。国は、戦時中に荒廃した国土の緑化と森林資源の復興を図るため、昭和22年、国有林、御料林を合併して農林省の所管にすると共に、「国有林野事業特別会計法」を公布して国有林経営の態勢を整えた。その後、森林の実態を把握するための応急森林調査を実施するなど、森林資源の計画的維持造成に努めていた。

一方、北海道においても「北海道造林5カ年計画」が立てられ、積極的に戦後復興に向けた取り組みが行われていたが、昭和29年9月、15号台風（洞爺丸台風）によって風倒被害が発生し、これを契機に国有林の造林意欲は急速に高まった時代と言われている。当時、帯広営林局においても約3万㌶におよぶ未立木地を抱え、その3分の1の面積を占めていた大草原地帯を強力に緑化するため「パイロットフォレスト特別造林実行計画」が立てられた。

　この計画の目指すところは、特殊な気象条件下にある根釧原野の農業を安定させるためには、林業を取り入れた多角的経営が必要であるという主張であるが、当時の農業側は、比較的手掛けやすいカラマツの造林でさえ、野ネズミ・山火事などの被害を恐れ、しかも収穫に時間のかかる造林事業には、むしろ批判的な時期であった。しかし、国有林として率先して造林事業を実施し、単に林業だけのパイロットに止まることなく、根釧地域の理想的農村像を目指した「指標林」として、「根釧パイロット・ファーム」と双璧の緑に包まれた農林業の宝庫を目指す崇高な提案であった。

　このようにして昭和31年7月、当時の安岡帯広営林局長によって「パイロットフォレスト」と命名され、翌32年から10年間にわたる造成が開始された。

牧草地の奥に広がるパイロットフォレスト

パイロットフォレスト（下）

課題克服、予定通り完了

パイロットフォレスト造林事業の特徴は、1万㌶におよぶ大規模造林計画を実現することにしたが、従来は人の手で1本1本植える方法が常識であった。しかし、ここでは機械を使う造林方法で実施し、根釧地方における多角的農業経営の林業指標林を造成することを目的に、同じ時期別海町を中心に新たな試みとしてスタートした「パイロットファーム」に並ぶ事業として展開された。また、この事業を実施するにあたって、大湿地帯に対応するための管理道路の造成、この地方に最も適した樹種の選定と大量の苗木の調達、労働力の確保、野ネズミ食害対策、山火事対策等の多くの課題を克服し予定通り完了した。

その昔、この地域一帯は鬱蒼たる森林地帯であったことを「北海道殖民地撰定報文」は次のように説明している。「ベカンベウシ・オボロ」間原野の植物は「草木ノ種類及ヒ生長ハ地味ノ厚薄ニヨリ自ラ差異アリト雖モ丘陵ハ概ネ楢、樺木《カバノキ》、黄蘗《キハダ》、楓《カエデ》、刺楸《ハリギリ》、楡《ニレ》、ヤチダモ、白楊《ハクヨウ》、菩提樹《ボダイジュ》、エンジュ、ホヽノキ生長シ楡類壹反歩ニ付大小凡ソ三拾株ナリ樹下ニハ、ジダケ、蕨《ワラビ》及ヒ萩ノ類生長ス、湿地ニ至レハ概ネ赤楊《ハンノキ》、ヤチダモ交々散生シ蘆《ヨシ》、茅、ヤマソテツ、ナナツバ、ヤチクサ等多ク雑生ス亦近傍丘山ニハ針葉樹ノ美相ヲ呈スル処アリテ家屋ノ建築用ニ屈強ノ材料ナリ」というように、パイロットフォレストの現場である別寒辺牛川、トライベツ川、フップウシ川周辺の原風景は、当初から大草原であった訳ではなく、広葉樹林を中心とする雄大な美林であったことを物語っている。

　開拓使の時代から拓殖政策が始まり根釧原野の開発が進み、それにつれて開墾作業を容易にするための火入が日常的に行われた。また「北海道殖民状況報文」釧路国に「野火ハ開拓使以来屡々《シバシバ》行ハレ殊ニ明治13、14年頃ハ鹿ノ落角ヲ拾フカ為メ盛ンニ火ヲ放チタリト云ウ」とあるように、明らかに放火が原因の山火事も発生して、年々山の形成を失い、さらにもう一つの致命的要因に、一旦山火事が発生するとこの土地の周辺いたる所に介在する大湿地が人手を阻み、自然鎮火を待つだけという状況にあったことが、無立木地帯へと拍車を掛ける結果になり、大草原化してしまったことをつけ加えておきたい。

パイロットフォレストの苗畑

茶安別《ちゃんべつ》地区
標茶町に編入合併を検討

各町村議会が慎重に審議

昭和28年10月に公布された「町村合併促進法」は、人口8000人以下の町村を、おおよそ3分の1に減らし、行財政の確立と住民福祉の向上に期するとする大義であった。この合併推進について『厚岸町史』によると、昭和29年3月10日、釧路国支庁長の呼び掛けで「釧路国支庁管内合併促進協議会」が設立し、同月25、26の両日にわたって会議が開催された。その席上小野支庁長から、次のような独自案が提案された。A案「太田本村地区は厚岸町に、茶安別地区を標茶に分割合併する」、B案「太田全村を厚岸町に合併する」、C案「太田全村を標茶町に合併する」。

この提案を受けて「厚岸町・太田村」「標茶町・太田村」のそれぞれの組み合わせによって合併推進協議会が設置され、時には両推進協議会の合同会議が開かれるなど、合併の是非、方法等について、各町村議会は慎重な審議を進めた。当時、この合併について、太田村の本音とも受け取れる葛藤の様子が『厚岸町史』に「太田村の意向」として次のように記述されている。

太田村の意向―「太田村においては、当初村民大多数の意志としては、村有財産として5億円以上の資産を有し、村政の現状や将来への見通しから見て不安もなく、また酪農振興を主とする農業開発によって自立可能であるという意見が強かった。また茶安別地区としては、村有財産の問題や酪農振興上、全村挙げて標茶町と対等合併する方が得策であるという意見が多く、太田本村としては、屯田兵村時代からの住民の努力によって得た、共同放牧地、特に厚岸町を境としている1400町歩について、既得権を侵される恐れがあるとし、厚岸町は漁業中心の町であることへの不安が潜んで、厚岸町との合併についてはなかなか住民の考えをまとめることは困難であった」。

このような情勢にあった太田村では、部落懇談会を開催し、村の現状と町村合併促進法の趣旨を説明して住民の理解を求めるための努力が図られた。その結果、昭和29年10月29日に開催された関係町村合併促進協議会において「分割合併に応じたい」という太田村の意向が表明され、合併に向けて大きく前進し、ここから、いよいよ具体的な内容の検討が始まった。

開拓時の労苦を伝える桑並木（厚岸町太田）

太田村を廃止し標茶町に編入

一般行政費の節減図る

昭和30年2月7日、標茶、太田両町村長連名で北海道知事宛てに次のような申請書が提出され、添付書類には合併の理由及び合併の区域等が次のように記述されていた。

「厚岸郡太田村を廃止し標茶町に編入することについての申請」―地方自治法第7条第1項の規程により、昭和30年4月1日から厚岸郡太田村を廃し、その区域を分割して、チャンベツ地区を川上郡標茶町に編入することについて、よろしくお取り計い願いたく、関係書類を添えて申請いたします。廃置分合を必要とした理由「太田村チャンベツ地区は、標茶町に隣接し、交通、産業、経済上からは勿論、日常生活全般についても極めて標茶町に密接な関係を有し、相当以前から指呼の間にある、両町村住民の間に屡々論ぜられて来た編入問題は、市町村合併促進法が昭和28年に制定されてから、次第に住民の世論として昂揚《こうよう》され、昨年10月の北海道告示による標茶町と太田村北部との合併計画が示されて、急速にこれが具体化を見るに至り、以来数回に亘る協議を経て今日に至ったものであるが、産業の単一形態を執っている両町村の中に、変則的な行政管轄下にある太田村チャンベツ地区住民の直接、間接の経費負担や不便は極めて大きく、加えて緊縮財政下にある両町村の財政事情は限界に達し、このままで推移すれば、疲幣に陥ることは明らかで、この際、一般行政費の節減を図ると共に、国、道費の助成を得て、住民永久の福祉となる各種事業を施行推進して、将来飛躍的な振興発展を期せんとするものであります。尚、産業面においては等しく農業地帯であるので、指導、経済の面にもその強化に寄与する処大であり、更に風俗習慣にあっても何等の支障は認められず、極めて自然に融合し得るものと考えるものであります。以上の理由により両町村の編入合併を最善の策とし、それぞれ両町村の議決を経て、昭和30年4月1日を期し編入実現せんとするものであります」以上のようにチャンベツ地区の合併手続きが進められた。

境内には「乳牛感謝の碑」も建つ中茶安別神社

太田村茶安別《ちゃんべつ》地区
標茶町に編入

開村以来66年間を以て閉村

合併申請書の内容について、議員および各種委員の任期をはじめ議会の議決書、財産処分の協議書ならびに議決書、会議録、合併区域の境界線など、さらに両町村の行政の詳細が記述されていた。また申請書に両町村の住民意向が次のように記述されている。

「標茶町の意向」として「合併問題については、釧路国町村合併促進審議会においても地理的、住民の経済的から推して、現段階では太田村の一部編入合併を適当とすることに決定を見、町議会においても、あらゆる角度から慎重に検討を加えた結果、これと意見を同じくして太田村チャンベツ地区の一部編入合併が議決された。また、合併の具体化に至るまでは、広大な面積を有することになり、行政力の浸透が期し得られないから時期尚早だとの一部の意見があり、その後、受入側としての立場から、強いて吸収する意向を示さず静観的な態度にあったが、合併促進協議会が設置されてから、地形上、住民の経済の上からも事宜を得た処置であるとして、現在に於いてはこれが反対その他についての大きな動きは観られない」。

また「太田村の意向」とし「村行政区域の不合理、規模薄弱等の見地から、将来の振興発展、住民永久の福祉の増進を期し、町村合併促進法に基き厚岸町及び標茶への分割編入合併についての住民の意響を徴しながら、慎重審議の結果、村内戸口分布の状況及び地理的面等から妥当として村議の決議が行われた。而《しこう》して厚岸町へ編入される地区の一部住民を除く多数の農民は、議決前当初に於いて自己の酪農経営上及び、町の主体、産業形態面等から全村標茶町への編入の意響をもっていたのであるが、両町へ編入される公有地の内、各々一部慣行による牧野使用権の設定等が両町との間に協定成立、一方建設計画の内容にも住民の意響を十二分に取り入れられ、今日分割編入合併に対し、積極的なる協力を示し、法の恩恵に絶大なる期待をもっている」という内容で太田村は、昭和30年4月1日、地方自治法第7条第1項の規定に基づき「太田本村地区」は厚岸町に、「茶安別地区」は標茶町にそれぞれ編入し、開村以来66年間を以て閉村した。合併時に標茶町に編入した行政面積は187平方㌔、戸数255戸、人口1478人という内容であった。

標茶町にとっても重要な時期で、この年の5月、高島幸次町長が就任し、その翌31年には地方財政再建特別措置法に基づく財政再建団体の指定を受けるに至り、またこの年、弟子屈町と共に「釧路内陸集約酪農地域」の指定によって、酪農専業地帯の道を選択した時期であった。

幻の菱川《ひしかわ》線鉄道と殖民軌道チャンベツ線

奥地の不利不便を緩和

幻の鉄道建設予定線と言われた「菱川線」について、北海道は明治25年「北海道中央鉄道敷設書」を第3回帝国議会に提案した。内容は「空知川沿岸より十勝川支流ペンケシントクに出て川西を通過し、大津海岸に沿うて釧路川の西側に出て標茶に至り二線に岐れ、一は根室に至り、一は既成線（釧路鉄道）により硫黄山経由、網走に至るもの」という構想であった。

しかし、この計画は否決されるが、この予定線こそ菱川線に相当する路線であった。この路線は明治28年厚岸―標茶間の測量の記録に『本路線は標茶なる硫黄山鉄道を起点として「コンケップ」川を遡り「チャンベツ」川の水源に出て漸次流れに沿って降り「オイワレウシュ」川及び「シュンベツ」に出て「オオベツ」「オボロ」を過り真龍村に出て厚岸に至りて止む、この延長哩数25哩4500尺、この間湿地の工事稍困難なるもあるべし』。これが菱川線の原型であった。

その後、明治36年、鉄道敷設順序が変更になり、大正2年、鉄道院副総裁の現地踏査の結果、釧路の陳情に沿って釧網線に決定した。その後、関係町村は「厚岸標茶間鉄道」に切り替え、陳情は昭和27年まで続けられた。この路線は厚岸標茶の境界を流れる「別寒辺牛川」つまりアイヌ語の菱の実（ペカンペ）を意味する河川名であったことから、誰いうともなしに幻の菱川線と呼ばれた路線である。

昭和2年、根釧奥地の本格的な開発を盛り込んだ、第2期北海道拓殖計画が樹立した。この計画では、鉄道、道路等の恩恵を受けられない奥地住民に対して、その不利不便を緩和するため殖民軌道の敷設を積極的に進めていた時期があった。殖民軌道「チャンベツ線」もこの計画に沿って建設されたもので、標茶駅から上茶安別までのおおよそ7キロの路線で結ぶという計画で、昭和12年12月に着工した。この工事は札幌の地崎組が請負い、翌13年5月には敷設工事は完成した。しかし、殖民軌道チャンベツ線はその後、正式に運営は行われず、地元住民等がトロッコを手押しで一時牛乳運搬等に利用したという話が残されているが昭和16、17年頃には線路が撤収され、一度も営業されること無く消滅した路線である。

正式な運営がなかった茶安別軌道跡

茶安別《ちゃんべつ》の地名

アイヌ語 鮭鱒が産卵する川

チャンベツという地名について、大方の識者が「アイヌ語で鮭鱒が産卵のする川、元は、イチャンベツと呼ばれていたと思われる」とある。『音別町史』も同様の説明である。

茶安別地域の代表的な河川で標茶・厚岸の町境の川「別寒辺牛川」は、『山田地名解』に、釧路の東、厚岸の原野の水を集めて、厚岸湖に入る相当の川。『永田地名解』ペカンベ・クシ（水上を通行する処）、諸図面、皆ペカンベウシに作る。アイヌ云、昔人菱あるべしと思い、水上を行きしに、菱なし、故にペカンベ・クシと名づけたり、と。

この名はそのまま読めば、ペカンベウシである。永田が調査した頃、菱がなくなって、そこで上記の解が考え出されたのではあるまいか。ペカンベ（菱）は、元来「水の・上に・ある（浮かんでいる）・もの」から来た語。その菱がなくなったので、（水の・上・の・処《ところ》を・通る）と読んだのだろうか、と書いてある。

大正5年から移住者等が入植して形成した集落名の由来について地域誌には、次のように記録している。

戦前からの集落「上茶安別」という地域は、太田村時代、一番奥の集落という意味。「富貴原」蕗《ふき》が多かったのでついた地区名で、別名徳富部落とも呼んだ。「報徳」二宮尊徳の創始した生活様式、困窮を救い安全な生活を営ませる方法、富貴原に隣接し、姉妹部落とされたが、集落名の由来は不明。「東国」地名の由来は不明。「中茶安別」太田村時代、本村と上茶安別との中間の集落。「共和」昭和4年に入植した佐藤という人が、共に和してよき共同体をつくるということ。「東」ほぼ、同じ時期に移住した、富貴原、共和、六戸山の東側に位置していたから。しかし、よくわからないとのこと。

「六甲山」昭和10年頃に6戸が移住し、六戸山、六光山、六甲山と呼んだとされている。しかし本当のことは不明とのこと。「下茶安別」太田村時代、本村から一番近い、手前の集落という意味。戦後に形成した集落の「東栄」地名の由来は不明。「新生」新たな気持ちで開拓に励む集落として。「雷別」アイヌ語地名を活用した地名。「新拓」新しい土地の開拓を目指す集落として。

この文書中にも記録があるように、中心市街地に一番近い集落が下部落。一番遠い集落が上部落、と言うのが一般的な配置である。今、標茶市街地を中心に見ると、茶安別地域の配置は逆の状況で、町村合併の名残がここに残されている。

阿歴内《あれきない》の地名

川の名前から引用 意味に諸説

阿歴内という地名は、地域の中ほどを流れる「アレキナイ川」の名がそのまま地域名になり、行政地名になったようである。しかし、片仮名は河川名に使われる程度で、漢字で「阿歴内」を使う例が多い。この地名について興味深い説明がある。『山田地名解』に次のような記録がある。「塘路湖は東西に長い湖で、その水は西端から流れだして釧路川に入っている。東の端はト・エトコ（湖の・一番奥）と呼ばれていて、そこに阿歴内の川が注いでいる」。そのアレキナイ川を南に遡ると、山越えして尾幌内川筋に出る。昔から交通路であったせいか有名な川である。旧記、旧図では、いずれもアレキナイで今も土地の人はその音で覚えている。阿歴内の字を当てたので、それにひきつけられて「アレキナイ」になってしまったのだろう。ただし、その意味についての記録は見たことがなく、また、アイヌ系の人々に聞いても分からなくなっている。アルキに当りそうなアイヌ語は、アルキ「来る（複数形）」アルケ「片一方の、向こう側の」、ハルキ「左の」などであろうか。さらに松浦武四郎に続き、八重九郎翁は、あの川はアルケナイだとも聞いたとあり、佐藤直太郎翁は「仕掛け矢を置いた沢か」と言われたとある。さて…。阿歴内の集落名は、北部、中央、南部、東部、北片無去の5生活区に分かれている。その生活区がさらに北部地区が第1、第2、第3、西和、北部部落会に分かれ、中央地区が第4

部落会、南部地区が第5、第6部落会、東部地区が第7、北光、東阿歴内部落会、北片無去地区が東栄第1、第2、東栄光友部落会に区分されていた。昭和63年2月には、このすべての部落組織を統合し「阿歴内地域振興会」を発足させ、地域づくりの新しい段階を迎えた。平成12年5月には、特別委員会21世紀プロジェクトチームによって検討された「ふれあう自然、豊かな心、大地に生きる阿歴内」を目指した「阿歴内地区整備計画」が策定され、自分の地域は自分でつくるという当初の目標を掲げ、住みやすく、個性的な地域づくりを実践中である。

阿歴内開拓100年を祝う記念式典（2015年５月）

阿歴内《あれきない》の殖民地選定

450戸ほどの移住者が入植

阿歴内地域の開発が本格化するのは、明治後半から大正時代の初頭に掛けてである。明治44年7月に発行された『殖民公報』第61号に、この年の区画測設予定個所が次のように掲載された。「明治44年5月7日北海道廳告示第323號を以て本年度新に区画を測設すべき殖民地の予定並に処分に関し左の如く公示せり」区画測設予定個所釧路国川上郡モアルキナイ　308町1反4畝20歩　以上が最初の告示であった。しかし、移住を希望する者はいなかったといわれている。次いで、大正2年1月に発行された「殖民公報」第70号に、阿歴内の区画地増設について次のように掲載された。「新区画地概況　昨年区画し本年処分をなすべき各区画地の概況左の如し。釧路国阿歴内区画地、旧画延長　▲面積1376町歩、262小画　▲地理　川上郡塘路村に属しモアレキナイ川の両岸の平地及丘地にして南は道路を隔てて官林に界し東西亦官林に連なり北は旧区画地に接し南東の一部は貸付地に隣り地勢南方に漸昂し河岸より丘地に向て一階段をなし丘地は大波状を現はせりモアルキナイ川北流して塘路沼に注く　▲気候　初霜9月中旬、終霜5月中旬、初雪11月中旬、融雪4月下旬、積量2尺に達す、又多少の濃霧あり。　▲土性　上層黒色腐植質壌土5寸、中層黒色埴質壌土1尺乃至2尺、下層褐色砂礫土なり。　▲植物　ナラ、イタヤ、ガンビ、アカダモ、ヤチダモ、シコロ、センノキ、アサダ、ホホノキ、ヤナギ、ドスナラ等の樹下ササ密生す　▲水質　清澄にして飲料に適せり　▲交通　南端に釧路に通する道路あり里程約五里又塘路沼を隔てゝ部落あり塘路と称し駅逓及二三の雑貨店あるも日需品は釧路に出つるを便とす釧路は七里を隔て支廳所在地にして著名の地なり　▲農況　作物は燕麦、稲黍、馬鈴薯、玉蜀黍、大豆及蔬菜類の耕作に適せり」。その後、阿歴内原野の測量は、明治44年、最初の測量が行われ、移住者が増加するにつれて増画し、阿歴内原野としての区域を広げていった。結果、大正2年から昭和20年までの間に主として特定地に、450戸ほどの移住者が入植し、阿歴内各地に集落の形成を見た。

昭和初期の東阿歴内原野での移住民共同作業の様子

農畜産物の生産状況（上）

労働力の善し悪し、農家間の格差に

入植の当初、農業経営の準備期間ともいえる開墾作業の期間は、資金、資材、食料難に陥り、手作業で開墾作業を続けるというのが何処の開拓地にもある一般的な状況で、まず、自供自足の出来る農家はまだ良しとしなければならない期間である。問題は家族労働を中心に、この期間をどのように克服し、何年で抜け出せるかが大きな課題であり、開墾のテンポが将来の経営の安定度に大きく影響したものであった。

この当時の一般的な農家像として馬が1、2頭、牛が1、2頭、畑が3町歩から5町歩程、庭先には10羽程の鶏が放し飼いにされているという風景で、農作業は、起土整地、中耕除草等の管理作業が馬による作業で

阿歴内公民館敷地内に建つ「開基之碑」

あったが、収穫の大半は家族の手作業という状況であった。したがって経営規模の大小は家族の労働力、特に労働力の質の善し悪しが農家間の格差につながっていた。このような規模での農業経営は、酪農経営が定着する昭和30年代後半頃まで続く農村の状況であった。昭和41年、阿歴内小学校開校50年記念誌作成の企画に「部落の移り変わり」と題して、入植当時の苦労話について古老の対談が組み込まれ、農業生産について次のような談話が綴られている。

司　会―農産物が金になり始めたのは何時頃からですか。

新　里―大正12年頃からだと思います。仲買人も入って庭先売買や、上尾幌まで運び運賃を幾らか貰ったものです。

司　会―農産物はどんなものですか。

新　里―イナキビ、イモ、エンバク、麦、ソバ等であり、あとは自家用であった。白い米の飯を食べることは稀で、豆とか色々な混ぜ物があった。

石　原―学校の弁当は米の飯を持って来た者は大威張り。ソバ団子を持って来た者は、風呂敷で隠すようにして食べたものです。

この対談のなかで、新里翁が「農産物が金になったのは大正12年頃からだと思う」と言っているが、その時期の阿歴内は、入植開始以来10年程を経過し、産業組合が設立した時期と重なり、阿歴内が農村として新たな展開を向かえた時期であった。

農畜産物の生産状況（下）

夏枯れの時期に「亜麻」耕作

前記のように、農業情報の少ない時代、庭先で農産物が現金取引が出来たことは農家にとっては魅力であった。しかし、そのため産業組合の農産物取引が低調に推移していたともいえる。

阿歴内産業組合については後書きになるが、農畜産物の組合の取引は、昭和9年以降、酪聯及び保証責任北海道信用購買販賣組合聯合會（北聯《ほくれん》）に加入し、ようやく系統取引が可能になり、組合運営も安定し始めたと記録されている。「麦類」について当時の阿歴内は、管内一流の馬産地であった。そのため燕麦の作付は、家計仕向用の家畜飼料として、また、北連及び農会を経由して軍馬補充部等に供出され、小量であるが大麦、小麦、裸麦が作付けられ、大半が家計仕向になっていた。「豆類」は、大豆、小豆、青豌豆、赤豌豆、長鶉、手亡、紅金時等多種類の作付であったが、その時々の相場に左右され一喜一憂し、また食料事情の悪い時代、主食に近い副食として家計仕向用として重宝な食料であった。「その他雑穀類」蕎麦については販売作物としても重要な作物であり、生活資金不足、食料難の時代の準主食として、家計仕向用にも相当量が消費されていた。またそれに準じた作物としてイナキビ、玉蜀黍等も盛んに作付けられていた。

「亜麻」は昭和13年から取引を始めているが、この年は標茶市街地に大正製麻標茶製線所（後の帝国繊維KK)が操業を開始した年である。亜麻の耕作は、農家と工場との直接契約によって栽培されたもので、会社側は契約農家に対して種子・肥料・耕作費用を貸付する等の積極的な奨励策を講じてその普及に努めていたが、農作業の大半が手作業であったため、農家には敬遠されがちな作物であった。しかし、農家にとって夏枯れの時期の現金収入は魅力的な作物であった。阿歴内の亜麻耕作について統計的に示す資料はないが、昭和25年(主畜農協時代)亜麻工場担当者の残した備忘録に、この年の全町亜麻作付面積158町歩に比較し、阿歴内の亜麻作付の面積は40町6反歩、実に25・6%を占めていた。もう一つの換金作物、甜菜についても作付されてはいたが、作付状況は不明である。その他稲作、副業の炭焼きなど話題は尽きることがない。

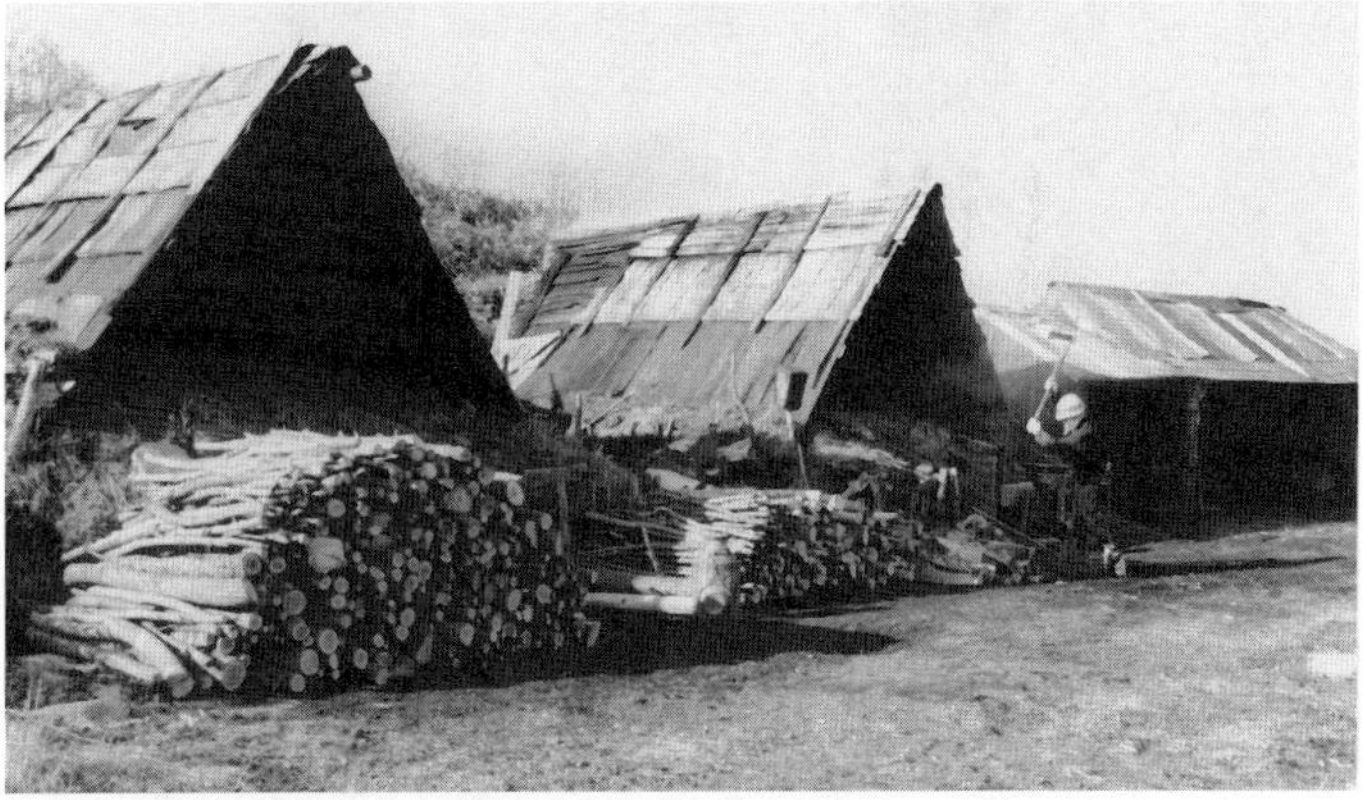

炭焼きの様子

阿歴内に組織された農業団体
阿歴内信用購買販売組合

北聯・酪聯に加入 経営好転

標茶町最初の産業組合、阿歴内信用購買販売組合は、大正12年の春、高橋源平等27人によって設立し、設立当初、木炭を取扱った1年目は順調に推移した。しかし、2年目以降木炭相場が下落したため、在庫を抱え、資金繰りもままならず、組合運営は窮地に陥りその影響は長引いた。不振に陥ってから10年を経過した昭和9年、北聯及び酪聯に加入したことが、組合経営を好転させる兆しとなった。

その背景には、昭和3年、東部地区に移住した内谷と云う人等30戸程の農家が、同5年頃から乳牛の飼育を始め、主としてクリームを生産して出荷し、効果的な農業経営を営んでいたという伏線があった。この北聯、酪聯への加入がもたらした影響は大きく、北聯とは雑穀の無条件委託販売で合意し、組合が資金不足であったため、従来不可能であった肥料購入も年度末決済が決定し、畑作経営の見通しが立てられた。また、酪聯にはクリームを販売し、安定した乳製品取引が可能になった。この当時の農畜産物の取引は、一般商社や仲買人と庭先で直接取引が行われる例が多かったと言われていた時代であった。しかし、北聯出荷の有利性を実感し、また、牛乳、クリーム販売の好結果をみて、区域内に乳牛飼育農家が増加する機会につながった。

このように、系統取引が軌道に乗り、安定した農畜産物の販路を確保したことによって、組合運営も安定し、組合員の増加にもつながり、組合の区域も塘路、久著呂一円に及び、昭和15年度末には組合員数が331名に達する躍進ぶりで、混乱していた標茶農業の草創期を乗り越え、同17年5月1日標茶信用購買販売組合と合併した。

明願寺2代目石原得雄住職は、阿歴内産業組合不振時代の昭和5年から合併の年まで組合長に就任し、組合再建に取り組むことになるが「組合の崩壊は地域の崩壊につながり、お寺にとっても存亡に関わった大事な時期であっただけに、村民の窮状を黙視するに忍びず本気で取り組んだ」と地域誌に回顧している。阿歴内の草創期から通算して27年間、住職として、また、経済人として地域農業の発展を促し、お寺を護り、家族を守り続けた人である。

石原得雄氏

標茶町農業団体の発達過程①

経営効率の低い経営余儀なく

国は農業団体を醸成し発展させるため、明治32年6月「農会法」を公布し、翌33年3月には「産業組合法」を公布した。明治・大正時代、熊牛村時代の農業団体設立の動きをみると、標茶の地域特性でもある広大な広さが悪条件となって交通不便をきたし、生産資材の搬入、生産物の集出荷が停滞し、経済効率の低い農業経営を余儀なくされていた。そのため農業を目的に移住した人の数は決して少なくはなかったものの、定着率が低く、農業団体の組織化は難しい状況にあった。

まず最初に、標茶村農会であるが、明治時代に設立したという記録が残されてはいる。しかし、実質的に記録に残る活動は昭和4年頃からのことで、その間を埋める資料はまったく見当らない。もともと農会制度は、日露戦争をはじめ第1次世界大戦中、国は戦時色の濃い農業政策を確立するために、政府、地主、農民に至る全国的農村組織によって統制的農政活動を活発に推進しようとしたもので、標茶村農会の活動が明らかになる昭和初期においても、事務所は熊牛村役場に置かれ、会長には村長が就任し、幹事、書記はすべて役場職員が兼務していた。したがって農家の見る目も役場の末端機関でしかなかったようである。そのために農会では、下部組織の農事実行組合など、農業者が集まる諸会議において、農会に対する理解を深めるために常にその在り方について普及に努めていた。

　当時の熊牛村全村には下部組織として、36農事実行組合が組織されていた。主な業務として農業を振興するため、採種圃の整備運営、人材育成および農事実行組合のための農業一般に関わる研修会、農事視察。品評会の開催、輪作指導、地力の維持奨励、植樹苗圃の整備運営など、農林業政策に関わる普及、指導、奨励など多岐にわたり、町の農業政策分野の業務に類似している。この農会が本格的な活動に転じたのは昭和9年4月、北海道農会技師上田源松が就任してからのことであったと伝えられている。

上田源松氏

標茶町農業団体の発達過程②

12組合設立 経営低調

前記したように、産業組合の設立は大正12年、標茶町最初の組合として阿歴内産業組合が設立し、次いで昭和4年に沼幌産業組合、同6年には標茶信用組合が設立し、この頃からようやく標茶村の農業団体が活発に活動を始めることになる。まず産業組合とは、法律名を通称して呼んだもので、正式には「信用購買販売利用組合」という現在の農協組織とほぼ同様に業務名を連記して組合名にしたもので、産業組合と呼称した組合はない。

太平洋戦争が激化した昭和18年3月には、国の意向である1町村1組合という「農業団体法」の公布によって「標茶村産業組合」と「標茶村農会」が合併し、同19年2月「標茶村農業会」が設立した。この時代、日中戦争、太平洋戦争が継続して、長期間にわたって不安定な時代で、食料を始め、生産資材、資金のすべてが不足の時代であったため、食料増産が常に急務であった。そのため農業会の仕事として、すべての物資が統制であったためその対策と、食料増産が常に急務であった。また戦後も、戦前よりも、むしろ全てが窮屈で、不況にあえぐ農家経営に深く関与し、疲弊しきった農村を支えてきた。この農業会は、終戦後の混乱期、連合国軍最高司令官が発した「農民開放令」の影響を受け昭和23年8月法定解散を命じられことになる。現在の標茶農協からすると、この辺までが標茶町の農業団体組織の前史とも言えるだろう。

昭和22年11月「農業協同組合法」が公布された。それにつれて、同23年5月阿歴内主畜農協、6月塘路主畜農協、7月標茶主畜農協、虹別主畜農協、弥栄開拓農協、標茶開拓農協、同24年6月虹別三共農協（非出資組合）標茶酪農（非出資組合）、が次々に設立した。さらに、昭和30年、旧太田村茶安別地区との町村合併によって、茶安別農協（昭和23年4月設立）茶安別開拓農協（同23年7月設立）茶安別酪農農協（非出資組合同26年2月設立）の3組合が加わり、同48年9月酪農専門農協（非出資組合）も組織し、都合12組合が設立されていた。しかし、これまでの地域性、交通事情から便宜上、近い所に組合を組織せざるを得ない状況であった。そのため、どの組合も自己資本率が低く、経営は低調に終始していた。

開拓農協の社屋

標茶町農業団体の発達過程③

農協1次、2次の合併経過

前記したように、標茶町には戦後の早い時期から11の農業団体（酪農専門農協を除く）が組織されていた。そのため町では農業団体との連携を深めるために定期的に組合長会議、参事会議を開催していた。

昭和29年3月に開催された「組合長会議」において農協統合が話題となり、これをきっかけに、同年3月非出資組合を除く9農開協の理事監事全員による町長主催の「第1回農協統合促進に関する協議会」が開かれた。この協議会では熱心な検討が行われ「統合促進委員会」を構成することまでを決定し、委員の選出まで進められ、同年7月には「第1回統合促進委員会」が開催される運びになった。この委員会においては、統合の基本理念、条項については異議を唱える委員はいなかったものの、各農協共に前年に引き続いた冷害によって組合運営が極度に悪化の傾向を辿っていたこともあって、統合の名を借りた町の財政援助に議論が終始し、前進的な成果が得ることができない状態で、統合促進委員会は第1回をもって幕切れになってしまった。

翌30年10月、再び町長の呼び掛けによって第2回統合促進委員会が開催され、11月には農業委員会によって「統合促進世話人会」を開催し37人の有志、関係者の参加によって足踏み状態を打開するための話し合いが行われた。結果は時期早尚という結論となり全町農協統合の理想はこの段階で頓挫した。しかし、農協統合第1波の動きとしては、将来に充分な余韻を残す結果となっていた。農協統合第2波の動きは、昭和34年4月に開催された主畜6農協による組合長、参事などによる合併促進協議会であった。この会議以後、合併に向けた調査、検討会議が積極的に進められ、昭和35年4月「合併予備協議会」による予備契約調印式、その後の諸手続きを終え同年6月26日、標茶町農協合併総会を開催するという性急な行動であったが、第1次合併は終了した。

また、国の戦後開拓政策の終了に伴い、昭和48年3月、町主催の農政懇談会が開催された。この会議議題の一つに各組合が実施している土地改良事業の共同化が議題であったが、話題は農協合併に発展した。この時点で、農協合併に対する各組合の反応はすでに合併を容認する意向を示していた。これを機会に、同年4月、標茶町農協統合推進研究会が発足し、計画の途中で、三共農協、酪農専門農協が離脱したものの、その後、2年間にわたって後戻りすることのない真摯な検討が進められた結果、昭和50年4月1日、標茶農協を中心に、標茶開拓農協、弥栄開拓農協、茶安別開拓農協全町1農協としての標茶町農業協同組合が発足し現在に至っている。

阿歴内の戦後開拓と入植者

馬産地、農協と道 確執も

阿歴内の戦後開拓地、西地区は、通称西官林と呼ばれた国有林を解放した地区であるが、土地処分の方法は、字阿歴内原野を増画する方法で土地処分を行った。

この地区には昭和21年から同35年までに24戸が入植した。次の2地区は、当時厚岸町在住の旧所有者から、北海道農地委員会が未墾地買収を実施し、開拓地として土地処分を行った。土地処分の方法は、付近の号線を延長し字阿歴内原野を増画する方法と、地形なりに用途指定の区画外地の方法で土地処分を行っている。

それぞれの開拓地に入植した開拓者は次のとおりである。阿歴内南地区、昭和22年予約6戸。阿歴内東地区、昭和21年から翌22年にかけて5戸が入植した。北片無去地区は、戦前、阿歴内地域の馬産振興に貢献した、阿歴内第1馬産限定地として利用していたことから、本来、地元牧野組合に一括して払い下げられるのが一般的であったが、この土地の場合、戦後開拓地に編入され、北片無去地区として土地処分が行われた。当時この土地の処分を巡って、設立間もない阿歴内主畜農協は、牧場の利用と立木処分に命運をかけ、絶対反対の意向を示し、終戦直後の緊急開拓者の受け入れを急務とする当時の釧路支庁との間に確執が生じていた。

釧路支庁長はこの事態の打開を図るため「何時までも国の土地を借りているのでは自立出来

ないだろう」として、地元側に次のような提案を表明した。①馬産限定地を解放しても外地引揚者や他村の者は入植させない②放牧地の面積は、牛馬の頭数により法の定める算定により優先的に売渡しをする③残余の土地は、入植用地として地元の2、3男の分家用地にあて、一切を補助制とする④その他、地元の希望を全面的に取り入れる。

農協側はこの提案に対して、阿歴内地域の将来性を充分勘案するとともに、具体的な開拓者受入用地、牧場用地の処分方法を確認し了承した。この地区に入植した戦後開拓者は、昭和22年から同37年までに75戸が入植し東栄第1、第2部落、東栄光友部落会を形成した。

馬産地を象徴する阿歴内ふれあいホースパーク

大東《だいとう》炭鉱株式会社 三星鉱業所

上尾幌炭鉱として復活

農林漁業中心の標茶町に石炭採掘のヤマの存在は無縁と思われていたが、昭和11年に発行された「標茶村勢要覧」の一節に次のような記述が残されている。「大東炭鉱㈱三星鉱業所　字阿歴内原野ニ所在シ、根室本線上尾幌駅ヨリ約2里、従業員120名、埋蔵石炭約300萬トンノ見込ヲ以テ漸次事業ヲ拡張シツツアリ。昭和10年ノ採炭数1萬4千トン、コノ価格6萬5千円ニ達ス」。

この炭鉱は、標茶町の歴史資料はじめ阿歴内地域誌等にも所在を示した資料は一切見当らないが、村勢要覧によると上尾幌駅から8キロとあるから、厚岸町上尾幌駅と阿歴内市街のちょうど中間に位置する、官林内に所在していたもので、近傍の阿歴内集落との交流はほとんどなく、炭鉱独自の集団であったものと思われる。

昭和5年2月、東京地学協会が発行した『鉱物調査報告』（第37号）北海道の部の一篇「釧路国阿歴内産炭地調査報文」に「アリキナイ川」「モアリキナイ川」の灌域に石炭層が介在していると報告されており、また釧路叢書第14巻『釧路炭田』第3章「釧路炭田の開発」に、「上尾幌のヤマ」と題して、寺島敏治によって各炭鉱の盛衰が細やかに記述されている。その中の年表風に整理した図に、大東炭鉱㈱に関する記録が残されている。その図を見ると次のような状況であったことが予測される。

上尾幌坑は、昭和4年、上田炭鉱として阿部七郎によって開坑、昭和5年からは三ッ星炭鉱、昭和9年から同18年まで大東炭鉱㈱が経営していたことになっている。昭和18年という年は、弱小炭鉱整理法が公布された年で大東炭鉱も上尾幌にあった尾幌炭鉱、旭炭鉱、八千代炭鉱、太平洋炭礦㈱新尾幌坑、太平洋釧路炭鉱と共に国策によって閉山したヤマの一つらしい。その後このヤマは、昭和22年に上尾幌炭鉱として復活し、朝鮮戦争特需の続く同26年、日東上尾幌炭鉱に経営が移譲された。しかし、このヤマの最終閉山の事情は不明である。

塘路《とうろ》地域の特徴

アイヌの人たち定住の地

塘路地域は、標茶町中央部の南側に位置し、北側は釧路川沿いのコッタロ原野に、塘路湖の北岸一体は稜線を超えてシラルトロエトロに接している。東側は阿歴内原野に、南側は山側の塘路原野区画地の奥の山林用地と、湿原側は釧路町「トリトウシ原野」に隣接している。この地域全体の地形は、西側一帯は釧路湿原に代表される湿地帯が多く、塘路湖の北側は緩急傾斜地が連続する林業用地であり東南側に丘陵波状の平坦な台地がわずかな広がりを見せている。その土地の南側、釧路町までの傾斜地帯は林業用地を形成している。

塘路地域は、古くからアイヌの人たちが定住していた場所であったため、明治時代、それ以前から、幕府の要人らが蝦夷地調査の際に必ず立ち寄った場所として有名である。また、釧路集治監の設置を契機に、標茶町が発展する過程においても、衛星都市釧路市までの中継地点として、川船の時代、陸行の時代を通じて交通の要所として重要な地域であった。

塘路では明治初期の佐賀藩による統治時代、畑作の試作が行われ、その後明治20年代前半の、酪農を目的に井上尚芳、砂糖生産を目指した高岡縫殿等「貫誠社」の名が記録されている。これらを契機に農業地帯として期待され、明治30年制定の「未開地処分法」に基づく移住者の入植から本格化し、戦後の開拓者に至るまで、数多くの入植者を迎え入れた。しかし、結果は塘

サルボ展望台から見た塘路地区

路湖の南東側、通称「沼の上」から阿歴内にかけて農家の定着を見ただけで、農村集落としては小規模な集落形成に終始した。地域の中ほどに位置する塘路湖は海抜8㍍、湖水面積6・37平方㌔、周囲17・9㌔、湖の西端からアレキナイ川を経て釧路川に流れる淡水湖である。この栄養豊富な湖は豊かな魚族を育み、特にワカサギ漁を中心とする内水面漁業は、古くから塘路地域の産業として定着し現在に至っている。標茶町は昭和36年、塘路湖、シラルトロ湖周辺一帯およそ2600㌶を標茶町立自然公園に指定し、風致景観を保全することに努めるとともに土地利用を明確にし、それによって観光振興を図って来た。このような地域景観を背景に、「森と湖のまつり」「挽歌」「仔鹿物語」など、映画のロケ地にもなって酪農の町標茶の中にあっては特徴的な地域となっている。

釧路集治監《しゅうちかん》による標茶・釧路間道路開鑿《かいさく》

囚徒を動員 苦難の工事

明治時代、釧路集治監の囚徒によって釧路内陸としては最も早く「標茶・釧路間道路」が開鑿された。この道路工事の状況について『旭川市史』資料第1集に釧路集治監「事業功程報告」として次のように報告されている。

釧路集治監　明治21年分　事業功程報告　事務ノ大要　標茶釧路間道路開鑿「標茶ヨリ釧路ニ至ル間ハ、釧路川舟揖ノ1便アルノミニシテ、道路未タ開ケス為メニ冬季ニ至リ往来運輸ノ不便尠カラサルニヨリ本年5月、上請允裁ヲ得テ先スソノ路線踏査概則シ、9月ニ至リ起工シタルモ、僅々数十日ニシテ土地凍堅セルヲ以テ一時中止セリ、其概測線ハ凡12里余己ニ、開鑿シタルハ凡3里余、道幅ハ二間」

釧路集治監　明治22年分　事業功程報告　事務ノ大要　標茶釧路間道路開通「抑モ本道路ノ開鑿ハ明治21年5月其筋ノ允裁ヲ得、同年9月ニ於テ起工シタルモ、数十日ニシテ土地忽チ凝結スルニ会ヒ、為メニ工事ヲ中止シタリシカ、其概測線路ノ半ハ谷地湿地ニ属スルヲ以テ、之カ埋立テニハ数千ノ木材ヲ要スルカ故ニ、冱寒結氷ノ候（1月ヨリ3月ニ至ル）ニ於テ之ヲ伐採シ、融雪ヲ俟テ埋立テニ着手セリ、然レ共数里ノ谷地泥濘深クシテ容易ニ竣功ノ奏ス可ラサルヲ覚リ、本年5月路線改正ノ議起リ、更ニ踏査概則セシカ、旧線路ト其里数敢テ異ナラス、亦事業ノ困難ナラサルヲ以テ線路改定ニ決シ、6月24日ヨリ着手シ、囚徒2万3千702名ヲ使役シ、11月18日ヲ以テ8里28町28間ヲ開鑿シ終レリ、ソノ間、3ケ所ノ橋梁ヲ架ス、茲ニ前年開鑿ニ係ルモノ3里4町23間ヲ合シ、里程11里32町51間余ニシテ、標茶釧路間ノ道路全ク通ス爾后釧路川ノ結氷舟揖ノ利ヲ失ヒテモナホ往来運輸ノ便ヲ得ルニ至レリ」

国道391号がその道路であるが、現在は線形改良によって随分短縮され、便利な道路として、なにげなく通過している。当時は湿地の水位も高く沢地の奥まで広がっていたものと思われ、難工事であったろうと予測できる場所が現在でも随所に確認することができる。苦難の道路工事に参画した関係者等に畏敬の念をもつものである。

釧路集治監を移築し使用した郷土館

塘路《とうろ》の地名と土地処分の経過①

明治18年頃は各規則で

塘路は、ト・オロ（沼・の処）と言うアイヌ語地名であることは識者の一致した解説でるが、塘路湖に流れ込む小川を始めとするアイヌ語による地名は数多く、収集が難しい。そこで土地処分の際に使われた行政地名を中心に整理すると次のようなことになる。

開拓使の時代から明治18年頃までの土地処分は、同5年、大政官布達の「地所規則」、同8年、開拓使布達の「山林荒蕪地払下規則」、同16年「移住士族取扱規則」によって手続きが行われ、同19年以降は「土地払下規則」によって土地処分が行われていた。

これらの規則に関連して、北海道庁の「官有地売貸指令簿」には、明治17年に共同墓地、火葬場用地として塘路村番外1番地の土地を総代名義で土地処分が行なわれた。

また「土地貸下台帳」及び、釧路外4郡役所の「地所払下指令簿」に、明治15年から同23年にかけて、宅地、畑地，荒蕪地などの地目で主に塘路湖周辺の土地をアイヌの人達に処分を行なっている。これらが標茶町が保存している最も古い土地処分の経過を綴った記録とされている。その際の行政地名として、メシココチヤ、ウライヤ、カモイシウブイ、イシヤマンニコタン、ヘニコロベツ、パロマイ、ベチヤウスベ、ヘッサモンペ、シリコトルなどの地名が使われていた。これらの土地処分に関連するかどうかは不明であるが、この頃アイヌの人達に、農業を教示したことがあったと言う記録がある。しかし本来、アイヌの人達の土地利用は、漁猟区域がそうであるように、一定の範囲内を特定の集団が利用していた場合、その集団の中の個人は、仲間の利用と重複しない限り自由に利用することが出来たが、集団以外の者に対してはこれを排斥し、少なくとも集団の許可を必要としていたようである。すなわち、アイヌ民族の生活の主体は狩猟や漁獲が中心で、土地を所有し発展的に農業を展開し、全ての食糧を自給しようと云うものではなく、自然から採取した物を補助する程度の農業が一般的であったようだ。

当時の行政地名"パロマイ"の名を伝えるパルマイ橋

塘路《とうろ》の地名と土地処分の経過②

明治38年、区画図作成

前項①の土地処分の経過にも関連して、明治23年、岩手県の人井上尚芳と言う人はオンネムシ川からパルマイ川にかけて32町歩程の土地の処分を受けている。また標茶町の団体移住の創始と言われた四国讃岐から移住した高岡縫殿等11戸の貫誠社が、明治25年にオンネムスに260町歩程の土地を取得したと言う記録が残されている。

道庁はその後、土地処分の方法を転換するため、明治29年「殖民地撰定及び区画施設規程」を公布し、翌30年、「北海道国有未開地処分法」を公布した。それによって塘路附近の土地処分の様相は一変することになる。

「字塘路原野」は、明治38年3月初刷の「釧路国川上郡塘路・コッタロ原野区画図」が1回目の測量図で、1152町歩余の土地を274区画に分割している。その際井上、高岡等に処分した土地も含めて、「塘路原野」区画図が作成されていた。

この地区の特徴として、釧路川の周辺に広がる土地は、強湿地の状況を呈し、現在、釧路湿原国立公園の特別保護区域に指定されている土地であるが、北海道開拓の当初は、釧路川沿いのごく一部の土地の貸付に終始するが、国策に沿って未測区画のまま移住地として、準備されていた土地であったことを付け加えておきたい。また、塘路湖の東側に広がる区画地は、大正元年12月初刷の殖民地区画図「チャンベツ・塘路増設殖民地区画図」とあるところから判断して、第2回目の測量であったと思われる。結果、塘路原野一円に、明治30年から昭和29年までに317戸の移住者に土地の処分が行われていた。

「字塘路」と云う土地は、塘路市街地をはじめ、塘路湖の北側「字シラルトロエトロ」までの高台一円と、塘路湖の南側にあたる北7線以南の林業用地で釧路町に接している。また、塘路から離れた「開拓団地北方無去地区」が「字塘路」として土地の売渡処分が行われている。なぜ阿歴内地域を挟んで「字塘路」と云う字名がつけられたのかは定かでない。

「字塘路番外」は、国道391号を標茶から釧路方面に向かい、塘路橋を渡ったすぐ左手にある土地で、2筆で構成されているが、1筆は小面積ではあるが明確に図化され、もう一筆は道路用地との関係で図化されていない土地である。

釧路湿原の中にある塘路地区

塘路《とうろ》の地名と土地処分の経過③
サルボ・マサコノヤシマ・ウライヤ

アイヌ語地名で葦原の子

「字サルボ」―通称久著呂街道は、国道391号から分岐してすぐ釧網線を横切り、久著呂に向かう路線であるが、字サルボは、踏切を渡り2個所で大きく蛇行した道路の両側で、一部は釧網線をまたぎ、サルボ展望台入口、駐車場附近一帯の2町7反歩ほどの土地である。土地の構成は2筆になっていて、1番地の真中を釧網線及び久著呂街道が縦断し、2番地の一部には道々が横切っているため、土地は細分化されている。この土地は明治37年12月、高岡縫殿が最初に取得した土地である。アイヌ語地名で、葦原（湿原）の・子と云う。

「字マサコノヤシマ」―この土地は国道391号から町道通称湖畔線に折れた左側に、通称元村と言われている台地がある。その一部が字塘路6番地の土地で、その先端は塘路湖に突きでた形になっているが、そこが字マサコノヤシマで、1字1地番の土地である。字マサコノヤシマは、公簿上正式な字名で異議の余地はない。しかし、旧釧路支庁保存の「地番号簿」には、売払いの実績は記載されていないが、字名の整理として「字マサコヤノシマ」と記録されている。したがって登記手続きの過程で「ヤ」と「ノ」が入れ替わり「字マサコノヤシマ」になってしまった字名である。一説には釧路集治監の建設に必要な屋根用の柾《まさ》を生産する「柾小屋」があった場所とのこと。

「字ウライヤ」―字ウライヤは、塘路市街の釧網線沿の町道、通称「こまなみ通り」の塘路橋寄りの両側に連なる土地である。アイヌ語地名で、簗《やな》を掛けた場所と言う意味らしい。この通りは、昭和56年12月に国道391号に昇格するまでは、一般道々として塘路市街地の目抜き通りとして通り抜けていた。昭和55年12月、一般道々は、町道に引継がれた。釧路川の川船時代、越善家によって運営されていた塘路駅逓所の影響もあって、繁栄していた字ウライヤは、大正時代に釧網線敷設用地として大半が日本国有鉄道（現ＪＲ）に買収され、塘路駅を中心に新市街が発達した。また、同じ時期に駅逓所も廃止となったため、字ウライヤの区域は、旧市街化の憂き目にあってしまった。字ウライヤの処分の経過を見ると、当初は1番地から34番地までの土地の処分が行われていたが、現在は1番地から5番地までと29番地、34番地の元地番によって構成され、空白の地番は日本国有鉄道等に変更されている。なお、土地の連続性からみて不自然であるが、4番地1筆だけが塘路小学校付近に介在している。

高岡縫殿と貫誠社の移住記録

砂糖生産のため入植

標茶町最初の団体移住と云われた「貫誠社」は、明治25年6月、四国讃岐（香川県）から砂糖の生産を企画して、塘路湖畔の南岸オンネムシに入地した。

「貫誠社」の代表の高岡縫殿と言う人は、香川県木田郡牟礼村「幡羅八幡神社」の神司で、当時19歳であった。この当時の四国地方は、凶作が続き、小規模で零細な農民の生活が極度に貧困化して行く有様を憂慮して、四国讃岐の特産品である讃岐三白の一つ、白砂糖の生産によって、疲弊して行く牟礼村の農民の窮状を打開しようと、当時、国が奨励していた北海道開拓に夢を託し、同胞らと決心を固めて移住したものであった。

案内された土地は、塘路湖の南岸に広がる80万坪に及ぶ広大な土地といわれているが、熊笹の生い繁る、昼なお暗い原始の森は、熊が横行し蚊や虻に人々は驚き、地味は悪く、砂糖キビの試作を試みたが、成育せず、経営が困難であることを知った一同は落胆した。一人去り、二人去り、その年の秋にはすべてを放棄しなければならない状態に陥った。さらに追い討ちをかけるように、12月に火災が発生し、居小屋を始め、讃岐から運んだ三年間分の食糧、製糖用の機械器具、農機具等、北海道開拓の夢のすべてを燃やし尽くし、「貫誠社」はわずか半年にして解散の止むなきに至ったのである。

塘路に残った高岡は、その後アイヌの子弟教育に尽力し、明治39年の春、釧路に移転した。高岡の母、サタもまた苦楽を共にしていたが、明治43年7月、81歳にして他界した。その墓碑は釧路市春採の「紫雲台墓地」に、四国讃岐から白砂糖生産のために、はるばる運ばれた挽臼《ひきうす》を台座に今も静かに眠っている。この団体の構成員は11戸で、その家族は47人とも48人とも云われている。

構成員の一人中村寅蔵と言う人の子息、直太郎はその後、佐藤と姓が変り釧路市において図書館長の要職にあった人で、郷土史家としても名を馳せた人である。また松原と言う人の縁の人が標茶町にも居住しているという。

高岡も関わったアイヌ民族の子弟のため
設立したアンデレス学校跡

塘路《とうろ》観光協会の設立

市街、湖畔周辺整備に重点

昭和27年4月、塘路湖、シラルトロ湖を中心とする観光事業の推進を図るため、地元の有志等が発起人会を開催し「塘路観光協会」の設立に向けて準備した。この会議では、当初「標茶観光協会」いう名称で規約の検討を始め、役員を選考し観光事業についての打合せを行った。この規約によると塘路、茅沼地区の観光を振興するため、当面この地域に相応しい事業の調査活動をはじめ事業計画を決定。事務局は標茶町役場塘路支所に設置することを決定して、標茶観光協会として設立した。決定された事業計画を見ると、塘路市街整備と、湖畔周辺の施設整備の二つに重点がおかれていた。市街整備の面では道路側溝の改良補修は勿論のこと、観光地らしい美しい街にするために清掃活動を一般住民にも協力を要請する。街並木を育てるため、白樺の稚樹200本を市街道路に沿って5月上旬に植栽する等が主な内容であった。また塘路湖、シラルトロ湖周辺を観光地として整備するとして、協会を中心に具体的な行動計画が立てられていた。当時の新聞報道によると、この年に開催された「ベカンベ祭」は、「塘路観光協会が主催する事業」という記述になっていて、この後の事業も、塘路観光協会としての活動となっていた。しかし、標茶観光協会としてスタートし、塘路観光協会に変わった経過、及びその後の活動記録がないため、当時の活動状況は不明である。

昭和53年には、シラルトロ湖周辺に標茶町によって宿泊拠点施設の釧路湿原パーク「憩の家かや沼」をオープンさせて、酪農の町標茶町もいよいよ観光振興を図るべき時期にさしかかってきた。しかし、第二次オイルショックの経済混乱と重なり、このような社会情勢の変化に伴う観光事業のあり方が問われていた時期でもあった。そのため標茶町では、従来まで振興課、商工労働係が観光振興を担当していたが、昭和54年8月、商工観光室を設置して観光振興の位置付けを明確にした。このことが直接影響した訳ではないが、翌55年3月、全町を包括する「標茶観光協会設立準備会」が開催され、昭和56年9月には「標茶観光協会」が発足した。そのため塘路観光協会は、新たに発足する標茶観光協会の一員として参加することになり解散した。

「ベカンベ祭」の様子

塘路《とうろ》地域振興会

転機となった昭和33年

塘路振興会の発足について、年表には昭和33年、塘路振興会、塘路観光協会の両組織が発足したと記録されている。昭和33年という年は「森と湖の祭り」の映画ロケが行われた年で、その後の塘路地域の振興という視点から見て、転機となった年となったようである。その一つに前項に記述しているが、塘路観光協会がこの年を契機に立て直しを図った時期で、当時の新聞報道には、観光協会の「再編成」「再出発」などと書かれていた。

この当時、塘路湖の観光振興を計るためには、観光協会は勿論、そこに住む住民の組織化も必要であったのだろう。地域会は、塘路観光協会、漁組などと不離一体の関係にあって、本来の住民福祉活動を始め、水資源の確保、道路整備、生活環境の整備など観光振興にも深くかかわりを持っていた。このような積極的な住民活動の結果が昭和36年度、塘路湖シラルトロ湖周辺一帯の「標茶町立自然公園」指定を誘因する力となった。

その後振興会は、平成8年8月「塘路地域整備計画」を策定していたが、平成13年度、振興会組織を見直すとともに、「塘路地域整備計画」も改訂した。改訂した「整備計画」は、自分たちの地域は自分たちの手と力で作り上げようというもので①地域として助け合うこと②地域として発展すること③地域を皆のものに、という基本理念に基づくものであった。さらに大項目として①地域の環境づくり②地域の住環境づくり③地域福祉対策④地域産業づくり⑤地域の活性化、という5項目に分類し、その具体的な対応策として会員が個人として実施する事項、地域会が実施する事項、町が実施する事項等74項目にわたる実施計画であった。この計画は標茶町第3期総合計画にも詳しく記述されている。

地域の青年たちが架けたドラム缶の橋

標茶町立自然公園

積極的な観光振興図る

標茶町は昭和36年3月、町内の優れた自然の風景地を保護し、その利用の増進を図り、住民の保健、休養及び教化に資することを目的に、標茶町立自然公園条例を制定した。翌37年12月には、町立自然公園「塘路公園」として2611・86ヘクタールを地域指定し、保護保全を必要とする場所、観光地として利用する場所を明確にし、具体的な利用計画を策定した。「塘路公園」として利用する区域としては「元村」「シラルトロ」の2か所の集団施設区を設定し、それぞれに詳細な利用計画を策定し、これを機会に積極的な観光振興が図られた。この条例制定の背景には、塘路観光協会が活動拠点とする、塘路湖、シラルトロ湖周辺を、観光資源として、秩序のある保全と利用を進めるという意図が強く影響した指定となった。しかし利用に関する施設の設備については、当時の標茶町は戦後の急速な発展に伴い、財政事情が常に窮迫の状況にあって、早急な対応は難しかった。そのため、塘路観光協会及び塘路地域振興会と連携し、町立自然公園の年次計画を建て、それに添ってゆっくりではあったが、公園としての整備に努めてきた。その結果、戦後復興という大義と、そこに住む住民の生活を守るため、木材にあるいは木炭原料にと、塘路湖畔周辺の立木の伐採が進み、全域が裸地状態になっていたものであったが、土地所有者の理解を求めて、風致景観の保護保全に努めた結果、塘路湖、シラルトロ湖の湖畔林は徐々にではあるが復活し、本来の原風景形成の兆しが見え始めてきた。昭和62年7月31日、この地域を含む2万6816ヘクタールが、釧路湿原国立公園として指定を受けることになり、この地区の保全保護及利用の条件が、町立自然公園とほぼ同一条件で保全されることが確認されたため、同年9月、標茶町議会の議を得て、標茶町立自然公園条例から、「塘路公園」としての区域は指定解除された。この「標茶町立自然公園条例」は、次の保全地に期待し廃止することなく現在も保存されている。

シラルトロ湖畔に建てられた標茶町立塘路公園の看板

ベカンベ祭り

意義伝えるアイヌ伝説

アイヌの人達はその昔から漁獲による獲物を主食とし、野草、木の実などを副食として生活していた。それらは全て神から先祖に授けられたもので、その収穫の方法も神から教えられ、伝えられて来たものと信じていた。アイヌの人達の祭りは熊祭りに代表されているが、鯨祭り，柳葉魚祭りなどあらゆるものに神へ敬虔な感謝の祈りを捧げたそうである。なかでも植物を祭るのは珍しく、塘路のペカンベ（菱の実）祭りだけであったらしい。しかし、この祭りが何時から始まったかは明らかにされていない。

この祭りは毎年8月末から9月の始め、ペカンベの実が入った頃に決定するもので、収穫の時期が近づくとコタンの長は長老を集め、ペカンベの実り具合を見て日程を決めていた。祭りは前日の宵《よい》祭《まつ》り、当日の本祭りと2日間開催されていた。祭りの準備は祭神を象徴するイナウ（木幣）はコタンの長老達があたり、祭壇などの諸準備は男衆、宴会用のドブロクやご馳走は女性が準備に当たった。すべての準備は前夜祭の日の午前中には終わらせるようにしていた。祭りの当日は、留守番を一人残して全員が参加する慣わしになっていたという。

この祭りに関する伝説は数多い。熊がペカンベを運んだ話、ペカンベによって飢えをしのいだ話、アイヌの青年シパネとコタンの長の娘ホシオロの恋物語などで、伝説の本質は収穫の秩序を守るためにも祭りに意義があることを伝えている。

この祭りを営んだ場所は、フシココタンと呼ばれる場所と、その東側にポンオンネムシと言う白砂の岬があって、そこには古くからペカンベ祭りのヌササン（祭壇）があったという。明治25年、神官、高岡縫殿の「貫誠社」が塘路湖畔オンネムシに移住した。遠く離れた故郷に思いを寄せ、移住地から見ると塘路湖の対岸エタンネヌタップに祠《ほこら》を建立した。そこからまた新たな物語の始まりになった。しかし、この祭りはやがて、観光事業としてみられる向きが強くなり、アイヌの人達からすると祭り本来の主旨を見失いそうになりつつあった。そこで古来から伝わる神事を取り戻すため、昭和45年を最後に、一般公開することはなくなった。その後、縁の人達によって伝統ある祭りが営まれていた。

しかし、現在それも休止されて久しくなっている。昨今、この祭りを知らない世代が多くなり、祭りを懐かしむ声も少なくなってきた。ペカンベにまつわるアイヌ伝説は数多い。しかし、祭りそのものが伝説になってしまいそうである。

このまま推移すれば、由緒あるアイヌ民族の伝統文化であり、標茶町にとっても他に類のない貴重な文化財を喪失することになる。寂しい限りである。

あとがき

釧路新聞社標茶支局開設20周年の記念事業の一環として、標茶町の『歴史を歩く・地名を巡る』と題し、釧路新聞本紙面に平成29年5月9日から、延べ109回にわたって執筆させて頂きました。

それ以前には「釧路地方の地名を考える会」事務局長として長い間活躍されてこられた山本修平さんが『釧路町の地名と歴史』、『ふるさとめぐり』執筆中でありました。その当時の標茶支局長であった星匠さん（現釧路新聞社社長）から「次は標茶の番だよ」と言われまして、標茶に関する地名と歴史についてまとめてほしという申し入れがありました。そのような経過から『標茶町史』発刊の準備作業に携わっていた者として、責任上執筆することになった次第です。

新聞紙面上に掲載されていた場所は、釧路管内各市町村や、市民グループの活動状況が報道される大事なスペースでしたが、拙作が週の大半を占めてしまいました。また、漢字が多く文章が難しい、特に公文書からの引用文書も多く、そのまま記述した例もあって、難解で一層難しさが増したものもあったと思います。しかし、その昔を想像することができる機会になればと思い、あえて掲載したものです。

私は原稿を書くだけで、全稿のタイトルと写真類は河辺由記子支局長に担当してもらいました。

文章の長・短もあって、編集にあたった方々も大変だったと思います。年寄りの我がままをお許しください。町の歴史を紡いで行くには、新たな発見があったり間違えた事実があった場合、訂正・修正を重ねてゆくことも必要なことと思います。

幸いに地域文化の記録・発刊に傾注されておられる藤田印刷エクセレントブックスさんが、この機会に『標茶』の歴史を全国区で発刊し、宣伝に貢献したい旨の申出を戴きましたので、表題を『しべちゃの歴史を歩く』と簡易にしまして刊行させて戴きました。

これを契機に一つの「研究紀要」として見て頂くことができれば幸いです。

寄稿中、読者の皆様から激励のお言葉を沢山頂きました。

衷心からの感謝と御禮を申し上げます。有難うございました。

主要参考文献

標茶町史編纂委員会『標茶町史考　前篇』　1966年
標茶町史編纂委員会『標茶町史考　後篇』　1968年
標茶町史編纂委員会『標茶町史考　続篇』　1985年
標茶町史編さん委員会『標茶町史　通史編第１巻』　1998年
標茶町史編さん委員会『標茶町史　通史編第２巻』　2002年
標茶町史編さん委員会『標茶町史　通史編第３巻』　2006年

髙橋虎『標茶記念誌』　1936年
常盤町内会『常盤町内会50周年記念誌　あゆみ』　2001年
開運町内会『開運町内会設立50周年記念誌』　2011年
桜町内会『桜町内会40周年記念誌』　2003年
新栄町内会『新栄町内30年の歩み』　1995年
南標茶地域会『南標茶地域誌』　2003年
厚生部落会『開拓10周年小史』　1956年
磯分内小学校30周年記念『磯分内発達史』　1950年
磯分内郷土誌編さん委員会『磯分内郷土資料集　くまうし』　1990年
美幌開拓団鈴木賢之助『美幌入植経過報告書』　1947年
栄小学校・振興会『栄のあゆみ　屋体・開基24年・開校22年記念誌』　1969年
上御卒別小学校開校50周年誌協賛会『上御卒別50年の歩み』　1974年
上御卒別開基・小学校開校60周年誌協賛会『上御卒別60年』　1983年
上沼幌小学校長　中沢万吉『上沼ほろの歴史』　1968年
上沼幌小学校・開拓55周年記念誌『風雪55年・ならの木とともに』　1979年
久著呂小学校『開校50周年記念誌』　1957年
久著呂小学校50年・中学校40周年記念誌協賛会『飛翔』　1985年
虹別主畜農協『虹別原野30年の足どり　虹別主畜農協10年の歩み』　1960年
虹別開拓50周年記念事業実行委員会『虹別五十年』　1979年
萩野地区入植50周年記念事業実行委員会『はぎの五十年』　2002年
虹別市街地町内会『虹別市街地町内会50年誌』　2016年
茶安別入植90年・合併50年・開校75年式典協議会『足跡』　2006年
上茶安別地区総合施設落成記念・小学校50年・中学校20年記念誌協賛会『樹林』　1970年
共和・東部落記念事業『拓魂　共和・東・六甲山・入植50周年入植の歴史』　1983年
佐々木真幸『太田村のれきし』　1967年
阿歴内部落会『阿歴内開拓25周年・沿革概要』　1939年
阿歴内主畜農業協同組合『阿歴内北片無去牧野完成を目指して』　1958年
阿歴内開基50年記念期成会『50年のあゆみ』　1965年
塘路小中学校開校祝賀会協賛会『塘路八十年』　1977年
塘路老人クラブ鶴友会・公民館『塘路昔話　第１集〜第３集』　1958年
標茶町郷土館『標茶町のアイヌ地名』　1983年
標茶町郷土館『開運遺跡』　1984年

北海道自治協会『町内会・部落会常会必携』 1941年
鶴居村編さん委員会『鶴居村史』 1987年
厚岸町編さん委員会『厚岸町史 上・下巻』 1975年
音別町編さん委員会『音別町史』 2006年
中標津町編さん委員会『中標津町史』 1981年
標津町史編纂委員会『標津町史』 1968年
旭川市誌編纂委員会『旭川市史資料集』 1957年
『殖民広報』第1号〜第123号 1902年〜1922年
『釧路関係日記古文書集』(釧路叢書第2巻) 1961年
『続佐藤直太郎郷土研究論文集』(釧路叢書第9巻) 1968年
『釧路炭鉱』(釧路叢書第14巻) 1974年
佐々木米太郎『釧路郷土史考』 1979年
北海道立文書館『北海道史略年表』 1988年
釧路主畜農協連合会『釧路酪農史』 1959年
児玉忠一、播磨重男『部落会町内会等の組織と其の運営』 1940年
知里真志保『分類アイヌ語辞典(植物編)』 1953年
山田秀三『アイヌ語地名の研究』(全4巻) 1983年
永田方正『北海道蝦夷語地名解』(復刻版) 1984年
豊島三右衛門『豊島地名解』 1882年
吉田有利『蝦夷道中記』 1802年
髙橋壮四郎等『蝦夷地巡覧筆記』 1797年
若林功『北海道開拓秘録』 1949年
大内餘庵『東蝦夷夜話』 1861年
松浦武四郎『戊午東西蝦夷山川地理取調日誌』
松浦武四郎『久摺日誌』 1860年
松浦武四郎『東蝦夷日誌』
最上徳内『北海岸川筋次第』 1800年
福井芳麿『蝦夷の島踏』 1801年
大蔵省『開拓史事業報告』
大蔵省『開拓史次号報告附録布令類聚(上編・下編)』
北海道第二部殖民課『北海道殖民地撰定報文』
北海道殖民部拓殖課『北海道殖民状況報文釧路国』
政府刊行物『北海道釧路外十一郡役所統計書 明治20年』
釧路総合振興局『各原野・区画図索引簿』
釧路支庁『各原野・区画図』
雑誌『アリラン』(在日韓国人・朝鮮人について考える雑誌) VOL.1〜VOL.3

標茶町『広報しべちゃ』
標茶町『町政要覧』
標茶町『事務報告書』
標茶町『標茶町住所表示新旧対照表』

＊町史編さん事務局資料
「標茶集治監関係文書類」
「軍馬補充部川上支部関係保存文書類」
「戦後開拓地関係文書類」
「弥栄開拓団関係文書・記録誌類」
「標茶市街大火諸記録」
「国鉄・ＪＲ関係文書類」
「殖民・簡易軌道関係文書類」
「標茶町内温泉施設関係文書類」
「日本甜菜製糖株式会社関係文書類」
「帝国繊維株式会社関係文書類」
「虹別孵化場に関する関係文書」
「朝鮮牧場関係文書類」
「小林部落関係文書類」
「釧路管内の稲作」
「標茶町陳情・請願書類集」
「標茶町都市計画関係文書類」
「標茶町集落整備事業関係文書類」
「官有地売貸指令簿・土地貸下台帳・地所払下指令簿」
「標茶村農会・産業組合・農業会関係文書類」
「根釧原野農業開発５ヶ年計画関係文書類」
「釧路内陸集約酪農地域関係文書類」
「太田村・標茶町合併関係文書」

『香川新報』（現・四国新聞）
『北海道新聞』
『釧路新聞』

橋　本　　勲

（はしもと・いさお）

1932年旧樺太生まれ。47年、家族と共に標茶町磯分内に移住。52年標茶高校卒業後、標茶町開拓農協に勤務。58年から標茶町役場に奉職。農業委員会事務局長、経済部農林課長、社会教育課長、総務部長を歴任し93年に定年退職。2000年～06年まで町史編集委員を務める。

釧路新聞社標茶支局開設20周年記念

しべちゃの歴史を歩く

発行日　2019年4月20日

著　者　橋本　勲

編　集　釧路新聞社
〒085-8650 釧路市黒金町7丁目3番地
Tel.0154-22-1111（総務局）

監　修　標茶町町史編さん事務局

発行人　藤田　卓也

発行所　藤田印刷エクセレントブックス
〒085-0042 釧路市若草町3番1号
Tel.0154-22-4165

印刷・製本　藤田印刷株式会社

取材協力　河邊　由紀子（釧路新聞社標茶支局長）

写真提供　標茶町町史編さん事務局
標茶町郷土館
佐藤　吉彦